U-CANの あそび ミニ百科

3・4・5歳児

本書の特長

豊富なあそびプランをめやすの時間別に掲載

1章は5〜15分、2章は15〜30分、3章は30分〜と、章ごとに大まかな時間別にあそびを117本紹介しています。

あそびの対象年齢と種類であそびを探しやすい

あそびの対象年齢と、「ふれあい」「運動」「季節・自然」「ごっこ・見立て」などの種類をわかりやすく示しています。

楽しいマジックと おすすめ絵本を紹介

保育者が簡単に演じられて盛り上がるマジック、園生活で読むのにぴったりの絵本を紹介しています。

指導計画にも役立つ 情報が盛りだくさん

すべてのあそびには、指導計画の立案の参考になる「ねらい」、子どもにあそびを伝える「ことばかけ」を紹介しています。

子どもに大人気！ 行事を盛り上げる！
かんたんマジック

あっと驚くしかけとセリフつきの演じ方例で、保育者がマジシャンに早がわり。
子どもたちの注目を集めること間違いなし！　の手品ばかりです。

簡単＆短時間でできる

ドリームパック

おまじないをかけると、何も入っていないはずの牛乳パックから次々とキャンディーが…。どこから出てきたのかな？

準備　牛乳パック2本／あめ

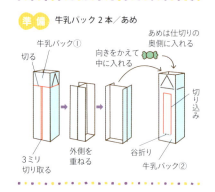

###

「牛乳パックの中には、何も入っていませんね」

牛乳パックの側面の切り込みを開き、中がからっぽなのを見せます。

2

「おまじないを
　かけてみるよ」
「出てこい、出てこい…」

指をぐるぐる回し、魔法をかけて
いるようなしぐさをします。

3

「じゃーん、
　キャンディーが
　出てきました」

牛乳パックを傾けて、
もう一方の手の上に
中のあめを出します。

POINT

出てくるものを
アレンジしよう

牛乳パックの中から出すものを、
キラキラモールのように小さく
まとめられて、形がつぶれにく
いものにしてもよいでしょう。

オーバーに演じよう

消える
コイン

準備 プラカップ／コイン 2 枚／ハンカチ

切り取る
（コインが通るか
確かめる）

カップにあったはずのコインが消えてしまってびっくり！　コインを何枚か用意し、繰り返し演じても盛り上がります。

1

「透明なカップに
　コインを入れて…」

カップとコインを見せ、カップの中にコインを入れます。切り取った部分を指で押さえながら、カップを揺らして音を出します。

2 「ハンカチをかけます」
「カップの中にコインは
　ありますね」

ハンカチで覆ってから、もう一度カップを揺らして音を出します。

POINT

ハンカチごとカップを揺らす

音を出すことで、カップの中にコインがあると印象づけられます。

3

「いち、にの、さん」

カップの切り込みからコインを出し、手のひらに落とします。かけ声に合わせてハンカチの角をコインに重ね、いっしょに持って引き抜きます。

4

「コインが
　消えちゃった！」

からっぽのカップを逆さまにして、コインがないことを示します。

5

「消えたコインが、このとおり…」
「こんなところから出てきたよ」

ポケットから別のコインを出します（出すコインは前もってポケットに入れておきます）。

スムーズな動きが鍵

ミラクル お絵描き

お絵描き帳をめくるだけで、白黒の絵がカラフルに変身します。誕生会にぴったりのマジックです。

準備　リングタイプのお絵描き帳

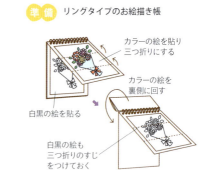

POINT

手順を覚える

白黒の絵とカラーの絵のめくり方を事前に確認しておきます。

〈真横から見たところ〉

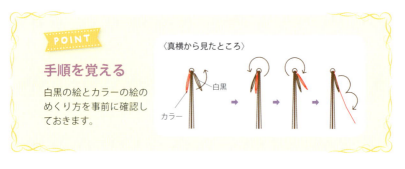

1「お祝いにお花の絵をプレゼントします」

お絵描き帳の白黒の絵のページを見せます。

2「折りたたみます」「いち、に、さん」

白黒の絵を三つ折りにして手前にめくり、いったんカラーの絵と重ねます。

「あれれ…」

おまじないらしくフーッと息をふきかけ、白黒とカラーをいっしょにめくります。

「とってもきれいな お花になりました！」

カラーの絵のページを広げます。

POINT　行事に合わせていろいろな絵に

クリスマス会ならツリー、誕生会ならプレゼントやケーキのように、行事によって絵をアレンジできるのも魅力です。

クリスマス　誕生会　こどもの日

音の違いが楽しい！

コケコッコ紙コップ

寝ているニワトリが目を覚ますと…。たこ糸をこすると、ニワトリの鳴き声そっくりの大きな音が出ます。

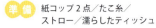

準備 紙コップ2点／たこ糸／ストロー／濡らしたティッシュ

1

「あれれ、ニワトリさん寝てるね」

寝ている目の紙コップを見せ、たこ糸を軽くこすります（1では、音を出しません）。

2 「起きて！ 起きて！」

紙コップを軽くたたき、ニワトリを起こすふりをします。外側の紙コップを回し、起きている目を見せ、たこ糸を濡れたティッシュでしっかりこすります。

POINT

乾くと音が出ない

糸をこするティッシュがしっかりと濡れていることが大切です。

演技力がポイント

魔法のスプーン

準備 大きめの紙コップ／水を入れた
ペットボトル／スプーン

切り込み

折り目をつけて奥にへこませる

魔法の粉を入れると、なんとスプーンがひとりでに動きます。手元を見ないように演じるのがポイントです。

1

「コップに水を入れます」
「魔法の粉を入れると…」

コップにペットボトルから水を入れます。魔法の粉を入れるふりをします。

2

「スプーンが浮いて混ぜてるよ！」

紙コップの口から切り込みにスプーンを通し、親指でスプーンを押さえて動かします。

POINT

親指を左右に動かす

なめらかにスプーンを動かせるよう、練習しておきましょう。

引っかけ方を覚えよう

結び目マジック

綿ロープを紙コップに巻いたかと思うと、いつの間にか結び目がたくさん！ 太めの綿ロープで結び目をわかりやすく。

準備 紙コップ／太めの綿ロープ

切り取る

1 「底がない紙コップがあります」

紙コップの底がないのを見せ、しかけがないことを示します。綿ロープの端を紙コップに通します。

2 「ひもで紙コップを捕まえましょう」

綿ロープを手前にひねって輪にしながら、紙コップに引っかけます。

POINT

ひもの引っかけ方に注意する

綿ロープはきつく引っ張りすぎないようにしましょう。

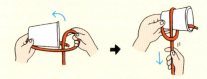

③

「ぐるぐる巻いていきます」

同じように紙コップに綿ロープを
3回ほど引っかけます。

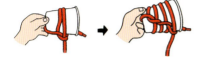

④

「紙コップが逃げ出しました」

綿ロープの端を持ち、紙コップか
ら引き抜きます。

⑤

「たくさん結び目が
できました！」

綿ロープの両端を持ってか
かげ、結び目を見せます。

子どもが夢中になる！
え ほ ん

季節を感じたり、好奇心が広がったり、
みんなで笑い合ったり…
魅力たっぷりの絵本を紹介します。

「おおきくなるっていうことは」

文／中川ひろたか
絵／村上康成
童心社

春

ひとつ大きくなった新年度におすすめ。服が小さくなる、新しい歯が生える…と成長に気づきながら、小さい子へのかかわりも考えられます。

「おなべおなべ にえたかな？」

作／小出保子
福音館書店

春

みんなで味見をしながら作った春の味がするスープが魅力的。「なべなべそこぬけ」や「あぶくたった」に展開しても楽しめます。

「なつのおとずれ」

作・絵／かがくいひろし
PHP研究所

夏

梅雨明けに読みたい1冊。夏ならではのものがたくさん勢いよく登場します。「夏には、どんなことしたい？」と会話が広がります。

「しきぶとんさん かけぶとんさん まくらさん」

作・絵／高野文子　福音館書店

夏

おねしょの心配も怖い夢の心配も、「まかせろ まかせろ…」と、布団や枕が吹き飛ばしてくれます。お泊まり保育の前にぴったり。

「やきいもするぞ」

作／おくはらゆめ
ゴブリン書房

秋

テンポよく進むお話が人気の絵本です。焼き芋大会から「おならたいかいするぞ エイエイオー！」の展開に子どもたちも大喜び。

「びっくりまつぼっくり」

文／多田多恵子
絵／堀川理万子
福音館書店

秋

びんに入って取り出せない松ぼっくりを見せてから、種明かしを兼ねて読みましょう。実際にやってみると、より楽しめます。

「100にんのサンタクロース」

文・絵／谷口智則
文溪堂

冬

1年かけて準備をしてプレゼントを配ったら、クリスマスの日にサンタは何をしてるのかな？ サンタの造形活動につなげても。

「ゆきだるまは よるがすき！」

文／キャラリン・ビーナー
絵／マーク・ビーナー
訳／せなあいこ
評論社

冬

雪あそびをしたら読んでみたい絵本です。自分たちが作った雪だるまは、夜にどんなことをしているかな？ と想像するとワクワク！

「もとこども」

作／富安陽子
絵／いとうひろし
ポプラ社

成長

世の中は「こども」と「もと こども」でできているという発想が楽しい！ 大きくなったら何になろうかなと夢が膨らみます。

「うえきばちです」

作／川端誠　BL出版

ことば

「め」が出て「はな」が咲いて…。芽と目、花と鼻、同じ音で違う意味のことばで、子どもがびっくりするような展開の絵本です。

「しろいかみのサーカス」

作／たにうちつねお
写真／いちかわかつひろ
福音館書店

製作

折ったり、切ったり、丸めたり。形をかえていく紙に「やりたい！」の声が飛び出します。読んだら、さっそく紙であそんでみましょう。

「きょうのごはん」

作/加藤休ミ
偕成社

食育

「ともだちいっぱい」

作/新沢としひこ
絵/大島妙子
ひかりのくに

友だち

夕飯を作るところからも、食卓を囲むところからも、食べる喜びが感じられます。ページいっぱいの料理が、とってもおいしそう！

園長先生だってアリだって歌だって、みんな友だち。「ともだちの ともだちは ともだち！」のフレーズが子どもの心に響きます。

「おんなじ おんなじ おんなじね」

作/苅田澄子
絵/つちだのぶこ
学研

家族

「しろねこくろねこ」

作・絵/きくちちき　学研

個性

みいちゃんの顔のパーツは、だれと同じかな？家族や友だちと特徴や好きなことなど、「おんなじね」探しをしてみましょう。

いつもほめられる白猫と自分を比べ、落ち込む黒猫ですが…。だれかと比べずに、そのままの自分が大切だよと伝わってきます。

「おへそのあな」

作/長谷川義史
BL出版

生命

「世界とであうえほん」

絵/てつかあけみ
パイ インターナショナル

世界

おなかの中から外の世界をうかがう赤ちゃんの視点で描かれます。だれもがみんなに誕生を心待ちにされていたと伝わるお話です。

世界の家、食べもの、道具などを紹介。読んでから、外国のおやつを食べたり、音楽を聞いたりすると、多様性に目を向けられます。

もくじ

本書の特長・・・・・・・・・・・ 2

かんたんマジック

ドリームパック・・・・・・・ 4
消えるコイン・・・・・・・・ 6
ミラクルお絵描き・・・・・ 8
コケコッコ紙コップ・・・・ 10
魔法のスプーン・・・・・・ 11
結び目マジック・・・・・・・ 12

子どもが夢中になる！

 ・・・・ 14

ページの見方・・・・・・・・ 22

あそびプランインデックス

第1章 〔めやす：5～15分〕

		3歳児	4歳児	5歳児	
はじめまして	ふれあい	●			24
チョウチョウが飛んで	ふれあい	●			25
パクパクかいじゅう	ふれあい	●			26
大きなお池	ふれあい	●	○		27
3チームに分かれよう	ふれあい	●	○		28
あやとりマジック	ふれあい	●	●	●	29
変身あいさつ	ふれあい		○	●	30
まねっこリズム	音楽・リズム	●			31
やきいもグーチーパー	音楽・リズム	●			32
おべんとうばこのうた	音楽・リズム	●			34
ちいさなにわ	音楽・リズム	●	●	○	36
あたまのうえでパン	音楽・リズム	●	●	○	38
Hello!	音楽・リズム	●	●	●	40
なべなべそこぬけ	音楽・リズム		●	●	42
数え歌で当たり	音楽・リズム		●	●	44
草花あそびいろいろ	季節・自然	○	●	●	45
お兄さん指ど〜れ？	クイズ	○	●		46
サイレント タッチ！	クイズ		●	○	47
お絵描き、何かな？	クイズ			●	48

第2章 〔めやす：15～30分〕

		3歳児	4歳児	5歳児	
だれにとまるかな？	ふれあい	●	○		50
お隣さんのお名前は？	ふれあい		●	○	51
オリジナル腕占い	ふれあい		●	●	52
カレーライスのうた	音楽・リズム	●	○		53
Twinkle, twinkle, little star	音楽・リズム	●	●		56
キャベツのなかから	音楽・リズム	●	●	○	58

※ ●はメインで該当するもの、●はサブで該当するあそびプランです。

		3歳児	4歳児	5歳児	
いつつのメロンパン	音楽・リズム	●	●	●	60
やおやのおみせ	音楽・リズム	●	●	●	62
だいくのキツツキさん	音楽・リズム		●	●	64
おちゃらか	音楽・リズム		●	●	66
Head, Shoulders, Knees and Toes	音楽・リズム		●	●	68
おにのパンツ	音楽・リズム		●	●	70
ボクシングごっこ	運動	●			73
タオルで投げっこ	運動	●	●		74
リズムにのってジャンプ	運動	●	●		75
いろいろケンパ	運動	●	●		76
背中ずもう	運動		●	●	77
もしもしカメさん	運動			●	78
こっち そっち ジャンプ	運動			●	79
カニたま競争	ゲーム	●	●		80
はんこをペッタン	ゲーム	●	●		81
UFO 的当て	ゲーム		●	●	82
ボールがドッカン！	ゲーム		●		83
はいはいハンカチ落とし	ゲーム		●	●	84
コロコロ紙コップ	ゲーム		●	●	85
うどん やかん どぼん	ゲーム		●	●	86
風船を集めよう	ゲーム		●	●	87
くつくつどーこだ	ゲーム			●	88
手ぬぐい回し	ゲーム			●	89
ニョロニョロ大蛇	製作	●	●		90
ひらひらステッキ	製作	●	●		91
紙でっぽう	製作		●	●	92
回し描き	製作		●	●	93
ビー玉転がし	製作		●	●	94
マーブリング	製作			●	95
ポンポン	製作			●	96
くっつき的当て	製作			●	97
花びらで作ろう	季節・自然	●	●		98

第2章 〔めやす：15〜30分〕

		3歳児	4歳児	5歳児	
水中からポン！	季節・自然	●	●		99
雨水、発見！	季節・自然	●	●	●	100
タンポポの冠	季節・自然	○	●	●	101
水中おはじき拾い	季節・自然		●	●	102
アサガオヨーヨー	季節・自然		●	●	103
木に触ってみよう	季節・自然		●	●	104
草笛いろいろ	季節・自然		○	●	105
水玉合戦	季節・自然		○	●	106
水でっぽう的当て	季節・自然		○	●	107
ロケット発射！	季節・自然		●	●	108
白い息シアター	季節・自然		●	●	109
袋でじゃんけん	クイズ	○	●		110
何の音かな？	クイズ	○	●	●	111
宝物は何かな？	クイズ			●	112

第3章 〔めやす：30分〜〕

		3歳児	4歳児	5歳児	
反対ロボット参上！	ふれあい	●	●		114
川越え 山越え	運動	●	○		115
おむすびコロコロ	運動	○	●		116
しっぽちゃん	運動		●	○	117
風船バレー	運動		●	●	118
どこでアタック!?	運動			●	119
フープくぐリレー	ゲーム	●			120
しっぽ取りあそび	ゲーム	●	○		121
郵便やさんリレー	ゲーム	●	●	●	122
宝物じゃんけん	ゲーム	●	●	●	123
スカート鬼ごっこ	ゲーム	○	●	●	124
宝探し	ゲーム	○	●	●	125
ピョンピョン競争	ゲーム		●	○	126
ヘイ！ タクシー	ゲーム		●	○	127

※ ● はメインで該当するもの、 ● はサブで該当するあそびプランです。

		3歳児	4歳児	5歳児	
スクスク育って	ゲーム		●	●	128
のびるトレーラー	ゲーム		●	●	129
体でじゃんけんあそび	ゲーム		●	●	130
ろうそく鬼ごっこ	ゲーム		●	●	131
お宝探しゲーム	ゲーム		○	●	132
動物ランド	ゲーム		○	●	133
文字はいくつ?	ゲーム		○	●	134
円切り鬼	ゲーム			●	135
おしりにタッチ	ゲーム			●	136
目玉焼きタッチ	ゲーム			●	137
お水がジャー	製作	●	●	○	138
色つき粘土	製作	●	●	○	139
ロボットあそび	製作	○	●	●	140
空気でっぽう	製作		○	●	141
ティッシュアート	製作		○	●	142
ろうそくで吹き絵	製作		○	●	143
色水あそび	製作		○	●	144
つなげて玉転がし	製作			●	145
オリジナルかるた	製作			●	146
秋色ベスト	季節・自然	●	●		147
落ち葉が変身!	季節・自然	●	●		148
水の引っ越し	季節・自然		●	○	149
泥んこクッキング	季節・自然		●	●	150
落ち葉で大きな絵	季節・自然		●	●	151
氷を作ろう	季節・自然		●	●	152
ステンドグラス	季節・自然		○	●	153
雨の音を聞こう	季節・自然		○	●	154
ニンニン、忍者	ごっこ・見立て	●	●	○	155
ファッションショー	ごっこ・見立て		●	●	156
街へ出発!	ごっこ・見立て		●	●	157
友だち紹介クイズ	クイズ		●	●	158
せーの!で言おう	クイズ			●	159

ページの見方

対象年齢
あそびの対象年齢を示しています。●はメインの年齢、●はサブの年齢です。

用意するもの
あそびのための準備物を示しています。

種類
「ふれあい」「音楽・リズム」「運動」「季節・自然」など、大まかなあそびの種類です。

ねらい
あそびを通して育てたいこと、子どもが経験したいことです。指導計画にも役立ちます。

ことばかけ
どんなあそびをするか伝え、子どもの興味を引き出すことばの一例です。

楽譜
手あそびには、取り組みやすいよう楽譜がついています。

あそび方
あそびの手順をわかりやすいイラストつきで紹介しています。

第 1 章

ちょこっとあそびは、活動の切り替えにぴったり。
すき間の時間を楽しく過ごすことで
次の活動への集中にもつながります。

歳児

 ふれあい

入園式で緊張をほぐすあいさつ
はじめまして

ねらい
- 入園式前の緊張を和らげる
- 初対面の人とのあいさつのことばを知る

ことばかけ
初めて会った人とのごあいさつ、知っていますか?
先生のまねっこをして、元気にやってみましょうね。

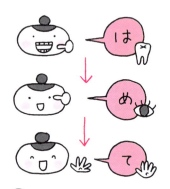

❶ 動作を説明する

歯を指さしながら「は」、目をぱっちり開けて指さして「め」、左手を顔の横に出して「て」という動作を説明し、子どもといっしょに練習します。

❷ 動作をしながらごあいさつ

「はじめまして」と言いながら「は」と「め」と「て」のところで❶で説明した動作をします。

はじめまして

❸ みんなで言ってみよう

動作をつけずに「はじめまして」と言い、「みんなで言ってみましょう」と子どもに促します。そしてみんなで「はじめまして」とあいさつをします。

チョウチョウが飛んで

待ち時間を楽しく過ごす ／ ふれあい ／ 3・4・5歳児

ねらい
- チョウチョウを通して春を感じる
- 楽しい気分で式を待つ

ことばかけ
（手でチョウチョウを作って見せながら）
みなさんのお祝いにチョウチョウさんが飛んできましたよ。

1 チョウチョウが来たよ

手をチョウチョウにして動かし「みんなもできるかな？」と誘います。できない子には「パーとパーで、おとうさん指をひっかけてごらん」と声をかけましょう。

2 チョウチョウがとまる

両手をおなかに当て、「チョウチョウがおなかにとまりました。みんなのおなかにもとまった？」と話します。名札や頭でも同様に行います。

3 最後はひざに

両手をひざにのせ、「最後におひざにとまりました。みんながとってもおりこうだから、チョウチョウさんはびっくりしているよ」と声をかけ、「もうすぐ入園式が始まります」と伝えます。

歳児

食べる意欲を引き出す
ふれあい パクパクかいじゅう

- 変身することを楽しむ
- 何でも食べようとする意欲を持つ

いっしょにパクパクかいじゅうに変身しましょう。
（怖がる子には）優しいかいじゅうだから、怖くないよ。

1 保育者がやって見せる

保育者が親指とほかの4本の指をつけたり離したりして、「パクパクかいじゅうは、何でも食べるのでいつも元気いっぱいです」と話しかけます。

2 子どもたちもパクパク

保育者が「ニンジンは？」とたずねたら、子どもたちも同じように手を動かして、「パクパク」と言います。続けて「リンゴは？」など、たずねます。

3 「いただきます」のあいさつへ

保育者が「パクパクかいじゅう、かっこいいね」と言い、みんなで「いただきます」をします。給食やお弁当を楽しく食べましょう。

歳児

 順番を決める簡単ゲーム
大きなお池

- 順番決めをゲームで楽しむ
- 友だちとのかかわりを楽しむ

> 先生がコイになって順番を決めるよ。
> さあ、近くの人と手をつないで大きなお池を作りましょう。

ことばかけ

大きな お池

❶ 手をつないで輪になる

「大きなお池」とみんなで声をそろえて唱えながら、近くの友だちと手をつないで輪を作っていきます。

きょうの1番は、だれかな？

❷ 保育者が輪の中で回転

輪ができたら、保育者がコイになって、池の真ん中に立ちます。「大きな池にすむコイです。きょうの1番は、だれかな？」と言って目を閉じ、その場で回ります。

さきちゃん でした

❸ 目の前にいた子が1番

とまって目を開けたときに保育者の正面にいた子が1番です。保育者が指名しましょう。右隣から2番、3番という順番になります。

27

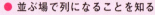

ふれあい　色や食べものにアレンジしても
3チームに分かれよう

③ ④ 5 歳児

ねらい
- 友だちとのかかわりを楽しむ
- 並ぶ場で列になることを知る

ことばかけ　きょうは三つのチームに分かれるよ。先生が動物の名前を言うので、自分が言われた動物のところに並んでね。

１ 動物名を伝える

保育者が子どもたちひとりひとりの頭に手を置いて、「しょうくんはウサギ」「ゆうちゃんはライオン」「まいちゃんはパンダ」と動物の名前を伝えます。

２ 動物ごとに集まる

保育者が「ウサギさんはここに集まれ」などと声をかけ、それぞれの動物ごとに子どもたちが集まります。

３ 並んだら３チームに

それぞれの動物ごとに１列に並びます。並んだら「みんな、じょうずにできました。さすがです！」と認めます。

1本のひもで手軽に あやとりマジック

ふれあい

用意するもの
ひも

● あやとりに興味・関心を持つ
● 自分で挑戦してみようとする

これから、先生があやとりマジックをします。
手に巻いたひもがどうなるかな？　よーく見ててね。

❶ 片方の手首にひもを巻く

保育者が子どもの手首に右巻きにひもを1回巻きつけます。

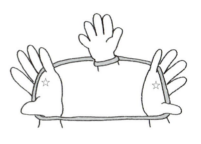

❷ 両手の中指で取る

右手の中指で左手の☆部分を取った後、左手の中指で右手の☆部分を取ります。

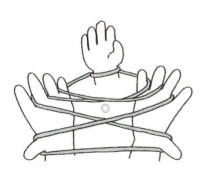

❸ 子どもの手にかぶせる

◎に子どもの手が入るよう、上からひもをかぶせます。

❹ 親指と小指のひもを外す

親指と小指のひもを全部外すと、子どもの手首からひもが外れます。慣れてきたら、子どもと保育者が交代してみましょう。

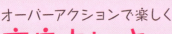

③ ④ ⑤ 歳児

ふれあい
オーバーアクションで楽しく
変身あいさつ

- いろいろなあいさつを知る
- 友だちとかかわることを楽しむ

いつもじょうずに朝のあいさつができるよね。
きょうは、いろいろな人に変身してあいさつをしてみましょう。

❶ 演歌風にあいさつ

演歌を歌うように、こぶしを利かせてあいさつをします。

❷ きれいな声であいさつ

オペラ歌手になった気分で、両手を前に組み、頭から発声するつもりであいさつをします。

❸ 侍気分であいさつ

侍になったつもりで「おはようでござる」とあいさつをします。

❹ 外国のことばであいさつ

外国人になったつもりであいさつをします。英語で「グッドモーニング」中国語で「ニーハオ」など、いろいろなことばを楽しみましょう。

音楽・リズム

話を聞く前にぴったり

まねっこリズム

3 4 5 歳児

ねらい
- 耳を澄ませてリズムを聞き取る
- 同じリズムを打つことを楽しむ

ことばかけ
さあ、みんな両手を出して！
先生のまねっこできるかな？　よーく聞いててね！

① リズム譜の順番にたたく

リズム譜の①を保育者がたたき、子どもたちがまねて続けます。②、③、④の順に同様に行います。

② ランダムにたたく

リズム譜①〜④を保育者が好きな順に繰り返します。子どもたちも順にまねて続けます。

③ 最後のリズムでおしまい

⑤のリズムを打って終わります。このリズムを打つと次は静かに話を聞く、という習慣をつけておくとよいでしょう。

おいもを想像しながら
やきいもグーチーパー

3・4・5歳児　音楽・リズム

ねらい
- サツマイモに興味を持つ
- いもほりへの期待感を高める

ことばかけ
焼きいも食べたことある？　おいもを割ると、湯気が出てきて黄色いおいもがとってもおいしそうだよね。

---

❶

♪ やきいも　やきいも　おなかが

手を6回たたきます。

❷

♪ グー

両手をグーにして、おなかを押さえます。

❸

♪ ほかほか　ほかほか　あちちの

両方の手のひらを上に向けて軽く広げ、イモを転がすように左右交互に上下に動かします。

❹

♪ チー

両手をチョキにして胸の前に出します。

❺

♪ たべたらなくなる　なんにも

両手でイモを持って食べるしぐさをします。

❻

♪ パー　それ

両手をパーにして胸の前に出します。

❼

♪ やきいも まとめて

手を4回たたきます。

❽

♪ グーチーパー

グー、チョキ、パーを❷・❹・❻の形で順番に出します。

作詞／阪田寛夫　作曲／山本直純

3　4　5　歳児

 音楽・リズム

子どもたちが大好きな歌
おべんとうばこのうた

- お弁当の中身を想像することを楽しむ
- 動きをまねするおもしろさを感じる

 ことばかけ
みんなのお弁当はどのくらいの大きさかな？
大きい？　小さい？　何が入っているのかな？

❶

♪ **これくらいの
　おべんとばこに**

胸の前で、両手のひとさし指で四角を2回描きます。

❷

♪ **おにぎり
　おにぎり**

両手でおにぎりを握るしぐさをします。

❸

♪ **ちょっとつめて**

お弁当箱に、おにぎりを入れるしぐさをします。

❹

♪ **きざみしょうがに**

片手を上に向けてまな板に、もう一方を包丁に見立て、刻むしぐさをします。

❺

♪ **ごましおふって**

ごま塩を振るように、両手を下向きにパッパッと振ります。

❻

♪ **にんじんさん**

片手をチョキにして、もう一方の手は指を3本立てます。

❼

♪ ごぼうさん

片手をパーにして、もう一方の手は指を３本立てます。

❽

♪ あなの あいた れんこんさん

両手の親指とひとさし指で輪を作り、目に当てます。

❾

♪ すじの とおった ふき

伸ばした片腕をもう一方の手で手首からひじまでなで、「ふ」で手のひらに息をふきかけ「き」でその手を前に出します。

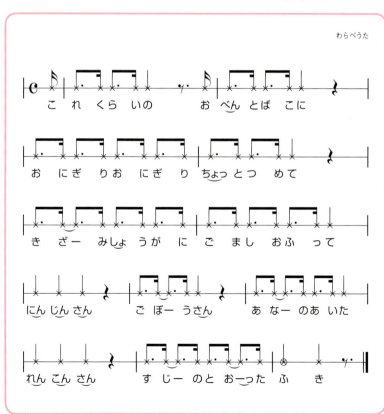

 成長する花を思い浮かべて
ちいさなにわ

ねらい
- 植物の成長過程に関心を持つ
- 芽の伸び方などの表現を楽しむ

 ことばかけ
みんなは種をまいたことありますか？ それはどんな種だった？
水をあげて肥料をあげると、どんどん大きくなるよ。

---

❶

♪ ちいさな にわを

胸の前に、両手のひとさし指で四角を描きます。

❷

♪ よく たがやして

両方のひとさし指を軽く曲げ、胸の前で左から右、右から左へ動かします。

❸

♪ ちいさな たねを

片手を上に向け、もう片方の手はひとさし指と親指で種をつまむしぐさをします。

❹

♪ まきました

つまんだ種をまくしぐさをします。

❺

♪ ぐんぐん のびて

両手を合わせてくねくねさせながら、腕を上に伸ばしていきます。

❻

♪ はるに なって

上げた両手を大きく広げ、ひらひらさせながら下ろします。

❼ ♪ ちいさな はなが

胸の前で、両手のひとさし指を4回軽く打ち合わせます。

❽ ♪ さきました

両手を合わせて少しふくらませ、つぼみに見立てます。

❾ ♪ 「ポッ!」

両手を小さく開きます。

作詞・作曲／不詳

音楽・リズム

息を合わせて手をたたこう

あたまのうえでパン

 ３ ４ ５ 歳児

ねらい
- 体の部位や前、後ろについて知る
- リズムを合わせることを楽しむ

ことばかけ
頭の上で手をパンってたたけるかな？
（子どもがたたいたら）とってもいい音がしたね。

---

❶

♪ **あたまのうえでパン**

「あたまのうえで」は歌のみで、「パン」のときに、頭の上で手を１回たたきます。
❷〜❹も同様にします。

❷

♪ **おかおのよこでパン**

顔の横で手を１回たたきます。

❸

♪ **おへそのまえでパン**

おへその前で手を１回たたきます。

❹

♪ **おしりのうしろでパン**

おしりの後ろで手を１回たたきます。

⑤

♪ パンパンパンパン〜
　パパンパン　パンパン

リズムに合わせて手をたたきます。

⑥

♪「イェーイ」

ピースをします。

作詞・作曲／おざわたつゆき

英語の導入にぴったり
Hello!

~~~
**ねらい**
- 自然と英語に親しむ機会を持つ
- 外国語でのあいさつに興味を持つ
~~~

ことばかけ　英語であいさつできるかな？
Hello は一日中使える便利なことばだよ。元気に歌おうね。

❶

♪ Hello,

右手を上げて左右に振ります。

❷

♪ Hello,

左手を上げて左右に振ります。

❸

♪ Hello, how are you?

右手をぐるりと回した後、目の前の人に尋ねるように、手のひらを上にして胸の前へ出します。

❹

♪ I'm fine,

右手を左胸の前に置きます。

⑤

♪ I'm fine,

右手の上に左手を交差するように置きます。

⑥

♪ I hope that you are, too.

胸の前で両手を交差させたまま、体を左右に揺らします。

作詞／Keiko Abe-Ford

Hel - lo_____, Hel - lo_____, Hel - lo_____, how are you? I'm fine, I'm fine, I hope that you are, too.

日本語訳 こんにちは こんにちは こんにちは 元気かな？ 私は元気だよ 私は元気だよ 君も元気でしょ？

©2000 APRICOT Publishing Company.

 音楽・リズム

協力し合う気持ちを育てる

なべなべそこぬけ

ねらい
- 体の部位やサイズについて知る
- 友だちと協力する経験をする

ことばかけ
友だちと両手をつないでみてね。
まず最初に先生がやってみるから見ててくださいね。

❶

♪ **なべなべそこぬけ**
　そこがぬけたら

向かい合って両手をつないで左右に振ります。

❷

♪ **かえりましょう**

両手をつないだまま、背中合わせになります。

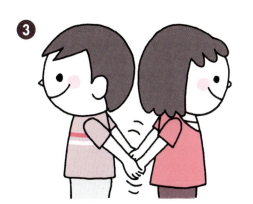

♪ **なべなべそこぬけ そこがぬけたら**

もう一度歌います。背中合わせのまま、握っている両手を左右に振ります。

♪ **かえりましょう**

両手をつないだまま、向かい合わせに戻ります。

音楽・リズム

唱え歌で数に親しもう
数え歌で当たり

 ③ **④ ⑤** 歳児

● 数に興味・関心を持つ
● ことばのおもしろさを感じる

数え歌っていって、数えるときの歌があるんだよ。
最初に先生が歌ってみるから聞いててね。

❶ 保育者が順番にこぶしを触る

輪になって、両手をグーにして前に出します。保育者が輪の中に入り、歌のリズムに合わせ、ひとさし指で子どものこぶしを順番に触っていきます。

❷ 当たった子が輪の中へ

歌が終わったときに、保育者のひとさし指が当たった子が当たりです。保育者と交代し、あそびを繰り返します。

〈数え歌の例〉

いち にの
さんもの しいたけ
でっこん ぼっこん
ちゅうちゅう かまぼこ
ですこん ぱ
※地域によって歌詞が違うことがあります。

44

季節・自然

草花への関心が深まる
草花あそびいろいろ

3 4 5 歳児

 ねらい
- 秋の自然に親しむ
- 草花を使った見立てに想像を広げる

ことばかけ
いろんな色や形の草があるね。何ができるかな？
先生はこの花でつめをきれいなピンク色にしてみるよ。

オシロイバナのマニキュア

オシロイバナの花を指先でもみ、出てきた花の汁をつめに塗ります。

イヌタデのおままごと

イヌタデの花をほぐし葉っぱにのせると、赤飯のできあがり。

メヒシバのかんざし

メヒシバの穂をそっと1本ずつ皮を残して下げます。穂をすべて下げたら、髪の毛に挿してかんざしにします。

メヒシバのパラソル

メヒシバの穂を1本ずつ丸めて、穂の付け根で束ね、1本裂いた穂で結びます。結んだ部分を指で上下させると、パラソルのように開いたり閉じたりします。

45

クイズ すぐに楽しめるクイズ
お兄さん指ど〜れ？

3・4・5歳児

ねらい
- スキンシップを深める
- 答えを当てる楽しさを味わう

ことばかけ
みんな、手を見て！　いちばん背の高い指はどれかな？
そう、中指。お兄さん指だね。その指がどれか当ててみて。

❶ 指先だけを見せる

保育者は右手の中指がどれかわからないよう、指先が少し見えるぐらいのところで、左手で包み隠します。

❷ 中指を当てる

保育者は右手が隠せたら、「お兄さん指どーれ？」と言って、子どもに中指だと思う指を1本選んでもらいます。

❸ 答えを発表！

保育者はそのまま左手を外して、右手を開きます。当たっていたら「当たり！」、外れていたら「ハズレ！」。答える子をかえていきましょう。

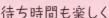
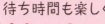

クイズ 待ち時間も楽しく
サイレント タッチ！

3 **4** 5 歳児

ねらい
- 待ち時間を静かに楽しく過ごす
- 口の動きを想像してみる

ことばかけ
先生は声を出さないで、体のある部分の名前を言います。
口の形をよく見て、わかったらその場所にタッチしてね。

❶ 保育者が口の動きで伝える
保育者は、声に出さず口の動きだけで、ゆっくりと大きく「み」「み」と伝えます。

❷ 子どもが口の動きを読み取る
子どもたちは口の動きを読み取ります。わかった子は黙って両手で耳を触ります。

❸ 大きな丸で当たりを知らせる
保育者は頭の上で丸を作り、「当たり」を知らせます。「うで」「ひざ」「あご」など、いろいろ出題します。

47

(クイズ) 誕生会の出し物にも

お絵描き、何かな?

用意するもの
画用紙

● 友だちの絵に興味・関心を持つ
● 想像力を養う

この絵はけいたくんが描いた絵ですが、まだ途中です。
さて、何が描いてあると思いますか?

❶ 途中までの絵を用意する

出題する子に好きな絵を描いてもらい、保育者は裏にその途中までの絵を描いておきます。

❷ 何を描いた絵なのかを当てる

出題する子に画用紙を持ってもらい、裏側を見せます。子どもたちは途中までの絵を見て、何を描いた絵なのかを当てます。絵のじょうずへたを評価することにならないよう、保育者がリードします。

第 2 章

もっと長くあそぶようになると、
友だちと同じことをする楽しさや、
協力する達成感などの経験にもなります。

歳児

ふれあい 名前を覚えるきっかけに
だれにとまるかな？

- 友だちの名前を覚える
- 友だちとかかわる楽しさを知る

チョウチョはだれのところにとまるかな？
チョウチョのみんなは優しくお花（友だち）にとまってね。

1 歌いながら歩く

両手をひらひらさせながら、『蝶々』を歌い歩き回ります。歌は3・4回繰り返しましょう。

2 「あいたら…」でストップする

3・4回目の「なのはにあいたら…」のところで飛ぶのをやめて、少し間を持たせます。

3 友だちにくっつく

保育者が「たかしくんにとまれ！」と子どもの名前を言ったら、子どもたちはその友だちにくっつきます。

歳児

 入園・進級の時期にぴったり

お隣さんのお名前は？

- 友だちの名前を覚える
- 友だちに興味を持つ

自分の名前をみんなに伝えましょう。
でも、きょうはちょっと難しいよ。よく聞いていてね。

❶ 保育者が名前を言う

全員で輪になって座り、最初に保育者が「みなさん、私はゆうこ先生です」と、自分の名前を言います。

❷ 隣の子も自己紹介

保育者の右隣の子は「私はゆうこ先生の隣のさちです」と、前の人の名前を言ってから自分の名前を言います。

❸ 言う名前が増えていく

その隣の子は「僕はゆうこ先生の隣のさちちゃんの隣のけんじです」のように、それまでに自己紹介をした人の名前に自分の名前をつけ足していきます。

何が当たるかワクワク

ふれあい

オリジナル腕占い

ねらい
- ことばを楽しむ
- 友だちとあそびを通じてふれあう

ことばかけ
占いって知ってる？　みんながどんな子なのか占ってみよう。
最初にどんな子がいるのか、みんなで考えてみようね。

1 どんな子がいるかな？

占いの結果になることばを出し合い、四つ選んで頭文字をつなげます。「か」っこいい、「や」さしい、「お」もしろい、「げ」んき→「かやおげ」占いなど。

2 占いスタート

ふたり組になります。占う相手の手首からひじのほうに向かって両手の親指を交互に当てながら、「か・や・お・げ」と繰り返し唱えていきます。

3 結果は…？

親指が腕の曲がるところにきたら、結果を言います。「お」が当たったら、「ずばり、あなたはおもしろい人です」などと、占いの雰囲気を出すと盛り上がります。

歳児

音楽・リズム

カレー作りを想像しながら
カレーライスのうた

ねらい
● 身近な食材に興味を持つ
● 料理をすることに関心を持つ

ことばかけ

カレーライス好きな人、手を上げて。みんな好きだよね！
カレーの中には、何が入っているかな？

---

❶

[1番]

♪ **にんじん**

両手をチョキにして、体の横で左右に揺らします。

❷

♪ **たまねぎ**

両手を合わせて輪にし、タマネギの形を作ります。

❸

♪ **じゃがいも**

両手をグーにして、体の横で左右に揺らします。

❹

♪ **ぶたにく**

右手のひとさし指で鼻を押さえます。

❺

♪ **おなべで**

両腕で大きな輪を作り、鍋に見立てます。

❻

♪ **いためて**

片手はそのままで、もう一方の手で鍋を混ぜるしぐさをします。

53

♪ **ぐつぐつ にましょう**

両方の手のひらを上に向けて指を広げ、上下に揺らします。

2番

♪ **おしお**

両手で塩のビンを持って、下向きに振るしぐさをします。

♪ **カレールー**

両手で四角を作ってカレールーに見立てます。

♪ **いれたら**

鍋にルーを入れるしぐさをします。

♪ **あじみて**

片手のひとさし指を口に当てて、なめるしぐさをします。

♪ **こしょうを いれたら**

両手でこしょうのビンを持って、下向きに振るしぐさをします。

♪ **はい できあがり**

手を5回たたきます。

♪ **「どーぞ」**

両方の手のひらを上に向けて、体の前に出し、「どうぞ」のしぐさをします。

3番

♪ **ムシャムシャ モグモグ**

片手はお皿を持ち、もう一方の手はスプーンを持って食べるしぐさをします。

♪ おみずも

片手でコップを持つしぐさをします。

♪ ゴクゴク

コップで水を飲むしぐさをします。

♪ そしたら

片手をグーにして上に上げます。

♪ ちからが

もう一方の手もグーにして上に上げます。

♪ もりもり わいてきた

そのまま両方のひじを曲げたり、伸ばしたりします。

♪ (ポーズ)

ガッツポーズをします。

音楽・リズム

おなじみの歌で英語に親しむ

Twinkle, twinkle, little star

 ❸ ❹ 5 歳児

ねらい
● なじみのある歌を通して英語に親しむ
● 英語にふれる機会を持つ

ことばかけ
流れ星を見たことがあるかな？ 流れ星にお願い事をすると願いがかなうんだって。今度見つけてみようね。

---

❶

♪ Twinkle,twinkle, little star

両手を上げて、ひらひらさせます。

❷

♪ How I wonder what you are

両手をひらひらさせながら、大きく腕を広げて下ろします。

❸

♪ Up above the world so high

片手を腰に、もう一方の手を目の上にかざします。

❹

♪ Like a diamond in the sky

❸とは反対の手で、同じ動きをします。

❺

♪ Twinkle,twinkle, little star

両手を上げて、ひらひらさせます。

❻

♪ How I wonder what you are

両手をひらひらさせながら、大きく腕を広げて下ろします。

❼

♪（最後に）

最後に両手を合わせてほおに当て、寝るしぐさをします。

作詞／ジェイン・テイラー　フランス民謡

日本語訳 きらきらきらめく　小さなお星様　あなたは一体何物なの？　お空のはるか向こうのほうに　ダイヤモンドのように輝いている　きらきらきらめく　小さなお星様　あなたは一体何物なの？

キャベツのなかから

チョウチョウの成長を表現

ねらい
- チョウチョウの成長に興味・関心を持つ
- 指を動かすことを楽しむ

ことばかけ
きのう、キャベツをお料理しようとしたらアオムシさんがいたの。
チョウチョウの赤ちゃんは、何だか知っていますか?

❶

（1〜6番）

♪ キャベツの　なかから
　　あおむし　でたよ

両手をグーにして、リズムに合わせて、手首を外側、内側に回します。

❷

♪ ピッ!　ピッ!

親指を片手ずつ順に立てます。

❸

♪ とうさんあおむし

立てた両手の親指を、曲げたり伸ばしたりします。

❷❸

（2番）

♪ ピッ!　ピッ!　かあさんあおむし

❶は1番と同様にし、❷、❸の動作はひとさし指を立てて行います。

❷❸

（3番）

♪ ピッ!　ピッ!　にいさんあおむし

❶は1番と同様にし、❷、❸の動作は中指を立てて行います。

4番

♪ ピッ！ ピッ！ ねえさんあおむし

❶は1番と同様にし、❷、❸の動作は薬指を立てて行います。

5番

♪ ピッ！ ピッ！ あかちゃんあおむし

❶は1番と同様にし、❷、❸の動作は小指を立てて行います。

6番

♪ パッ！ パッ！

❶は1番と同様にし、❷の動作はパーで行います。

♪ ちょうちょになっちゃった

チョウチョウに見立てて、両手のパーの親指を少し重ねてひらひらさせます。

 音楽・リズム

役になりきってセリフを言おう

いつつのメロンパン

ねらい
- 数に興味を持つ
- 掛け合いを演じることを楽しむ

ことばかけ　メロンパンって食べたことあるかな？
どんなパンだったか先生に教えて。もう1回食べたいかな？

---

①

♪ _{1番} パンやに　いつつの　メロンパン

片手をパーにします。
※2～5番はこの指が1本ずつ少なくなります。

②

♪ ふんわり　まるくて

体の前で輪を作ります。

③

♪ おいしそう

両手をほおに当てます。

④

♪ こどもが　おみせに　やってきて

片手をパーにしてもう一方の手のひとさし指を立て、パーの手に近づけます。

⑤

♪「おじさん、メロンパン　ひとつ　ちょうだい」

立てたひとさし指を、子どもが話しかけるように曲げたりして動かします。

⑥

♪「ハイ、どうぞ」

子どもに見立てたひとさし指で、パーにしている手の親指を折り曲げます。

❼ ♪ メロンパン ひとつ かってった

ひとさし指を振りながら、もう一方の手から離していきます。

❽ ♪ パンやに ○○○のメロンパン

2～5番は、指を1本ずつ減らした状態から始めます。❷以降は1番の❷～❼と同様にします。

音楽・リズム
掛け合いを楽しもう
やおやのおみせ

ねらい
- 商店や売っているものに興味を持つ
- 考える力を育む

ことばかけ
みんなは、やおやさんに行ったことありますか？
やおやさんには何が売っているか知ってるかな？

---

①

♪ やおやの　おみせに ならんだ

手を8回たたきます。

②

♪ しなもの みてごらん

両手を目のまわりに当て、品物を見るしぐさをします。

③

♪ よくみてごらん

片手のひとさし指を立てて、あれこれ品物を指さすしぐさをします。

④

♪ かんがえてごらん

片手をあごに当てて考えるしぐさをします。

⑤

♪ 「ニンジン」

保育者がひとりの子を当て、やおやにある品物の名前を言います。

⑥

♪ 「あるよ」

当てられた子どもが「あるよ」と答えます。

♪「さかな」

保育者が別の子を当てて、やおやにない品物を言います。

♪「ないよ」

当てられた子どもが「ないよ」と答えます。

♪ ア〜ア〜

当てる子と品物の名前をかえ、❺〜❽を繰り返します。最後に両手をひらひらさせて下ろします。

音楽・リズム

 ユニークな動作が魅力的

だいくのキツツキさん

3 **4** **5** 歳児

 ねらい
- 想像力を育てる
- 体を大きく動かして楽しむ

 ことばかけ

キツツキという鳥、知ってる？
くちばしで木にトントントンと、穴を開けて家を作るんだよ。

---

❶

♪ **みどりのもりかげに**

手を6回たたきます。

❷

♪ **ひびくうたは**

両耳に手を当てます。

❸

♪ **だいくの　キツツキさん**

両手をグーにして、上下を交互に入れ替えながらたたきます。

❹

♪ **せいだすうた**

両手でガッツポーズをします。

❺

♪ **ホールディーアー**

前かがみになり、両手でひざを数回たたきます。

❻

♪ **ホール**

前かがみになり、両手でひざを1回たたきます。

❼

♪ ディヒッ

手を1回たたきます。

❽

♪ ヒア

両方の指を1回鳴らします。

❾

♪ ホールディクック～
　ホールディヒッヒアホ

❻～❽を繰り返した後、最後に前かがみになり、両手でひざを1回たたきます。

音楽・リズム

スピードアップで盛り上がる
おちゃらか

  歳児

- 手と目の協応運動を促す
- 友だちとのやりとりを楽しむ

 ことばかけ

「おちゃらかホイ」で勝った人は両手を上げて喜んで！
負けた人は泣くまねをします。あいこも練習してみましょう。

---

❶

♪ おちゃ

向かい合って、左の手のひらを上に向け、右手で1回たたきます。

❷

♪ らか

右手で相手の左の手のひらをたたきます。

❸

♪ おちゃらか
おちゃらか

❶・❷を2回繰り返します。

❹

♪ ホイ

じゃんけんをします。

❺

♪ おちゃらか

❶・❷を繰り返します。

❻

♪ **かったよ**

勝ったら両手を上げます。

♪ **まけたよ**

負けたら泣くまねをします。

♪ **あいこで**

あいこなら両手を腰に当てます。

❼

♪ **おちゃらか　ホイ**

❶・❷・❹を繰り返します。

音楽・リズム

英語の体の名称を知る機会に

Head, Shoulders, Knees and Toes

3   歳児

ねらい
- 英語の体の名称に親しむ
- 全身を大きく動かしてあそぶ

ことばかけ
これから体の歌を英語で歌うよ。聞いたことのある英語が出てくるかな？ 最初は先生の言う英語に合わせて動いてね。

---

❶

♪ **Head,**

両手を頭の上に置きます。

❷

♪ **shoulders,**

両手を肩の上に置きます。

❸

♪ **knees and**

両手を両ひざの上に置きます。

❹

♪ **toes,**
 knees and toes,

両手を両足のつま先の上に置き、❸・❹を繰り返します。

❺

❶〜❹を繰り返します。

♪ **Head, shoulders,**
 knees and toes,
 knees and toes,
 and

❻

♪ **Eyes and**

両手のひとさし指で両目を指します。

68

❼

🎵 ears and

両手で両耳を触ります。

❽

🎵 mouth and

両手のひとさし指で口を指します。

❾

🎵 nose, oh,

両手のひとさし指で鼻を指します。

❿ 🎵 Head, shoulders, knees and toes, knees and toes !

❶〜❹を繰り返します。

日本語訳 頭に 肩に ひざと つま先、ひざと つま先、頭に 肩に ひざと つま先、ひざと つま先、目に 耳に 口に 鼻、頭に 肩に ひざと つま先、ひざと つま先

©2000 APRICOT Publishing Company.

節分にぴったりの歌
おにのパンツ

音楽・リズム

3 **4** **5** 歳児

- 鬼に興味・関心を持つ
- 数やものを体で表現することを楽しむ

ことばかけ
鬼ってどんなパンツをはいていると思う？
トラの毛皮でできてるんだって！　はいてみたいね。

♪ **おにの**

両手のひとさし指を、頭の上に立てます。

♪ **パン**

手を1回たたきます。

♪ **ツは**

片手をチョキにします。

♪ **いいパンツ**

両手のひとさし指と親指で丸を作ります。❷・❸を繰り返します。

♪ **つよいぞ　つよいぞ**

両腕でガッツポーズをしながら上下に揺らし、得意そうな顔をします。

♪ **トラの**

両手を頭の上に当てて、トラの耳のようにします。

♪ **けがわで できている**

両手を胸に当てて、爪を立てるようにして上下に動かします。

♪ **つよいぞ　つよいぞ**

両腕でガッツポーズをしながら上下に揺らし、得意そうな顔をします。

♪ **ごねん**

片手をパーにして、体の前に出します。

♪ はいても

パンツをはくしぐさをします。

♪ やぶれない

片手を顔の前で左右に振ります。

♪ つよいぞ つよいぞ

両腕でガッツポーズをしながら上下に揺らし、得意そうな顔をします。

♪ じゅうねん

両手をパーにして、体の前に出します。

⑩〜⑫を
繰り返します。

♪ はいても やぶれない
つよいぞ つよいぞ

♪ はこうはこう
おにのパンツ

パンツをはくしぐさをします。❶〜❸を繰り返します。

⑮を
繰り返します。

♪ はこうはこう
おにのパンツ

♪ あなたもわたしも
あなたもわたしも

相手を指さした後、自分を指さし、それを繰り返します。

♪ みんなではこう

パンツをはくしぐさをします。

♪ おにのパンツ

❶〜❸を繰り返します。

⑮〜⑲を
繰り返します。

♪ はこうはこう〜
おにのパンツ

71

運動 元気いっぱいに動こう
ボクシングごっこ

3 4 5 歳児

用意するもの
新聞紙／ビニールテープ／輪ゴム

ねらい
- 対象物に当てる楽しさを知る
- 体を動かすことを楽しむ

ことばかけ
先生ね、テレビを見てたら、こんなスポーツをやってたの。（パンチする姿を見せて）みんな知ってる？

作り方
新聞紙を丸める → ビニールテープを巻く → 輪ゴムをつける

1 パンチボールを作る

丸めた新聞紙のまわりにビニールテープを3重ぐらい巻きます。輪ゴムを3本つなげたものをボールの両側につければ完成です。

2 ボクシングのようにパンチ

保育者がパンチボールを持ち、それを子どもがボクシングのようにパンチしていきます。保育者が移動して、子どもが追いかけながらパンチしてもよいでしょう。

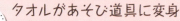

運動 — タオルがあそび道具に変身

タオルで投げっこ

3 4 5 歳児

用意するもの
タオル／フープ

- 投げる動きの基礎を育てる
- 投げてあそぶことを楽しむ

優しく投げるだけでも遠くに飛ぶよ。
わざと人に向かって投げるのはやめましょう。

1 ひとりで投げてあそぶ

端を結んだタオルをひとり1本持ち、下から投げる練習をします。タオルの端をちょっとつかんで反動を加えるだけでよく飛びます。いっせいに投げてどのくらい飛ぶか競争しても楽しめます。

2 フープに向かって投げる

投げることに慣れたら、保育者が持つフープに向かって投げ、くぐらせてあそびましょう。うまくできないときは、入るように保育者がフープの位置を調整します。

ジャンプして楽しもう

運動

リズムにのってジャンプ

ねらい
- ことばに興味を持つ
- リズミカルな動きを楽しむ

ことばかけ
『あんたがたどこさ』の歌を知ってる？
みんなで１回歌ってみましょう。

❶ 元気よく歌う

みんなで『あんたがたどこさ』を歌います。

❷ 「さ」でジャンプ

「さ」の部分でいっせいにジャンプします。初めはゆっくり歌って、だんだんテンポを速くしていきましょう。

『あんたがたどこさ』
わらべうた

あんたがたどこさ
ひごさ　ひごどこさ　くまもとさ
くまもとどこさ　せんばさ
せんばやまには
たぬきがおってさ
それをりょうしが
てっぽうでうってさ
にてさ　やいてさ　くってさ
それをこのはで
ちょいとかぶせ

※地域によって歌詞が違うことがあります。

ケンケンパのアレンジあそび
いろいろケンパ

運動　　　３　４　5 歳児

ねらい
- いろいろなケンケンパを楽しむ
- リズム感を養う

ことばかけ
先生が1回やってみるから、見ててね。「ケン」のときは1本足、「パ」で両足を開きます。いくわね。（と言って見本を見せる）

❶ 普通のケンケンパ

円を描き、ひとつの円は1本足で「ケン」と跳び、ふたつの円は2本足で「パ」と着地します。最初は跳びやすい大きさの円にし、距離にも配慮します。

❷ ゾウさんのケンケンパ

ひとつひとつの円を大きく描きます。保育者が「ゾウさんのケンケンパだよ」と伝えます。子どもたちは、大きくゆっくりケンケンパをします。

❸ 新幹線ケンケンパ

少し小さめに、数も増やして円を描きます。保育者が「新幹線のケンケンパだよ」と伝えます。子どもたちは、小刻みに速くケンケンパをします。

運動

手を使わず背中で押し合う

背中ずもう

用意するもの
色画用紙／丸シール／割りばし

- 全身を思い切り使ってあそぶ
- 勝敗を楽しむ

ことばかけ

「はっけよい、のこった」と言ったら、背中で押し合います。手を使ったらルール違反ですよ、気をつけてね。

１ 軍配と土俵を用意する

色画用紙を丸シールで飾って割りばしに挟み、軍配を作ります。円を描いて土俵を用意します。最初は保育者が行司をつとめ、慣れてきたら子どもが行司をやっても楽しめます。

２ 合図ですもうをとる

子どもふたりが土俵に上がり、見合って、行司の「はっけよい、のこった」の合図で背中を向け合い、すもうをとります。土俵から出たり、ひざやしりもちをついた子が負けです。

歳児

| 運動 | 歌いながらケンケンパ

もしもしカメさん

ねらい
- 友だちとペースを合わせる
- 歌いながら体を動かすことを楽しむ

みんなと声を合わせて歌いながらあそぼうね。
カメさんだから最初はゆっくりいくよ。

もしもし　かめよ
かめさんよー

① 円の中に入ってスタート

直径30cmほどの円18個を、輪になるように描きます。円ふたつ分くらいの間隔をあけて、5人の子どもがひとつの円にひとりずつ入ります。

② 歌に合わせてケンケンパ

『うさぎとかめ』の歌を歌いながら、みんなでリズムに合わせてケンケンパで進みます。「ケン」は円の中に片足を入れ、「パ」は円をまたいで両足を広げます。

歌に合わせてジャンプ

こっち そっち ジャンプ

- 数字に興味を持つ
- 歌に合わせてジャンプを楽しむ

みんなでこの歌を覚えてね。歌詞に合わせてその数字の
ところにジャンプするよ。始めはゆっくり歌いましょうね。

1 歌詞に合わせてジャンプ

5個の円を描き、その中にそれぞれ1～5の数字をランダムに書きます。『いちにのさん』の歌詞に合わせて数字を選び、片足や両足でジャンプしてあそびます。

2 数字をランダムにして

慣れたら少し難しくしましょう。歌詞をかえて、「にのしのさんの…」というように数字をランダムにして歌うと盛り上がります。

79

ゲーム

息を合わせてボールを運ぼう

カニたま競争

3 4 5 歳児

用意するもの
大きめのボール（ペア数）

● 友だちと協力して運ぶことを体験する
● ルールを守って楽しくあそぶ

ボールはカニさんの卵だから優しく運んでね。
落とさないでゴールできるかな？

1 ペアで体の間にボールを挟む

チームに分かれ、チームの中でペアを作ります。先頭のふたりが体と体の間にボールを挟み、両手をつないでスタートラインに立ちます。

2 カニ歩きでゴールを目ざす

スタートの合図で、ボールを落とさないようにカニ歩きでゴールに向かって進みます。ゴールしたら次のペアがスタートします。途中でボールを落としたら、その場から再スタートします。

宅配便の人になりきって
ゲーム はんこをペッタン

③ ④ ⑤ 歳児

ねらい
- 宅配便について知る
- チームのみんなと競争を楽しむ

ことばかけ
宅配便の人は忙しいから、どんどんはんこを押してもらおう。
はんこは優しく押してね。

宅配便です、こんにちは
はんこペッタンくださいな

Aチーム
Bチーム

出発！
ペッタン ペッタン

❶ 全員でそろって唱える

2チームに分かれて列になり、向かい合います。それぞれ端に立った子が宅配便の人です。「宅配便です、こんにちは。はんこペッタンくださいな」と唱えます。

❷ 順にはんこをペッタン

保育者の「出発！」の合図で、宅配便役は手のひらを出し、隣の子に「ペッタン」とはんこ（グーにした手を縦にしたもの）を押してもらいます。宅配便役は、さらに隣の子にはんこを押してもらいます。

❸ 列の端までペッタン

宅配便役の子はこれを列の最後まで繰り返します。列の端まできたら最後尾につきます。先についたチームの勝ちです。

ゲーム 身近な素材で作ってあそぶ
UFO 的当て

3 4 5 歳児

用意するもの
紙コップ／牛乳パック／ペットボトル／画用紙／ペンなど／はさみ／ホッチキス

ねらい
- 自分の作ったものであそびを楽しむ
- 友だちと成功を喜ぶ

ことばかけ
体を少し横に向けて、手を曲げてシュンッと投げてね。
うまく投げられたら、次はこの的に当てることができるかな？

1 UFOを作る

紙コップを2個重ね合わせて、コップの側面を上図のように8等分に切ります。切った2個のコップを広げて上下が逆になるよう飲み口を合わせてホッチキスでとめます。

2 的に向かって投げる

牛乳パックやペットボトル、画用紙にペンなどで点数や絵を描いた的を床に置きます。3mぐらい離れたところから紙コップのUFOを投げます。的に当たったら、そこに描かれた点数が得点になります。

ドキドキしながらボールを回す
ボールがドッカン!

3 4 5 歳児

用意するもの
大きめのボール

ねらい
- 数に興味・関心を持つ
- 友だちといっしょにゲームを楽しむ

ことばかけ
みんなで数えながらボールを回しましょう。
1から数えて10は「ドッカン」と言うよ。

1 唱えことばでスタート

全員で輪になり、みんなで「せーの、ボールドッカン、気をつけて!」と言います。

2 ボールを回してドキドキ

ボールを持った保育者が「1」と言い、左隣の子どもにボールを渡します。渡された子は「2」と言い、さらに左隣の子に渡します。以降順番に数を言いながらボールを回していきます。

3 10のところでドッカン

「9」の次は「10」とは言わず、みんなで「ドッカン」と言います。そのときボールを持っていた子がアウトです。アウトになった子からまたゲームをスタートします。

定番あそびをアレンジ
ゲーム: はいはいハンカチ落とし

3 **4** **5** 歳児

用意するもの
ハンカチ

ねらい
- クラスみんなでかかわってあそぶ
- ドキドキするあそびを楽しむ

ことばかけ
始めは、先生がだれかの後ろにハンカチを落とすからね。ハンカチに気づいたら拾って、先生にタッチするんだよ。

※鬼がハンカチを落とした場所まで1周しても、ハンカチに気づかれなかったら、鬼の勝ちです。ハンカチを落とされた子が鬼になります。

❶ みんなの後ろを鬼が回る
みんなで輪になって座ります。始めは保育者が鬼になってハンカチを持ちながら、はいはいして回ります。

❷ ハンカチに気づいたら
鬼がだれかの後ろにハンカチを落とします。落とされた子は、気づいたらハンカチを拾って、はいはいで鬼を追いかけます。

❸ 鬼を捕まえる
鬼が捕まったら、もう一度鬼に。鬼が捕まらずに、あいている場所に座れたら、ハンカチを落とされた子が鬼になります。

歳児

 ゲーム

紙コップとビー玉であそぶ

コロコロ紙コップ

用意するもの
紙コップ／ビー玉／ペンなど／ビニールテープ

 ねらい
- 友だちと競い合う喜びを味わう
- 身近なものをおもちゃにすることを楽しむ

 ことばかけ

紙コップにビー玉を入れて滑らせるとどんな動きになるかな？
紙コップがゴールにうまくストップしたら勝ちだよ。

1 滑らせる紙コップを用意

ビニールテープでゴールの印をつけます。ペンなどで絵を描いた紙コップの中にビー玉を入れます。ビー玉の数を増やすと、紙コップの動きがより大きくなって楽しくなります。

2 ゴール目がけて押し出す

ビー玉を入れた紙コップを机に何回かこすって勢いよく押し出します。ゴールのいちばん近くまで滑った人の勝ちです。机から落ちたり、紙コップが倒れたりしたら失格です。

ゲーム テンポアップでさらに楽しく
うどん やかん どぼん

ねらい
- ことばのやりとりを楽しむ
- 友だちとかかわりを持ってあそぶ

ことばかけ ゲームに出てくるかけ声をみんなで考えてみよう！「ん」がつく3文字だよ。何があるかな？

❶ かけ声を覚える

「ん」がつく3文字など、テーマに合わせて出し合ったことばの中から3つ選んでかけ声を考えます。子どもが自由に発言できるよう、保育者はヒントを出しましょう。

❷ 順番に指さして

輪になって座り、保育者が「いち（1）」と言って、子どものひとりを指さします。指をさされた子は、ほかの子を指さして「に（2）」と言います。これを1→2→3→うどん→やかん→どぼんの順に、次の子を指さしながら繰り返していきます。

❸ 言い間違いも楽しい

間違って言ってしまったら、みんなで指さして「ブッブー！」と言いましょう。慣れてきたら、テンポアップすると盛り上がります。

ゲーム 道具の使い方がポイント

風船を集めよう

用意するもの
折り紙／広告紙などの薄い紙／ビニールテープ

ねらい
- 勝敗を楽しむ
- 持ち方や動かし方に興味を持つ

ことばかけ
これは何だろうね？ 先生、紙で棒を作ってみました。
これでツンツンすると、折り紙の風船はどうなるかな？

❶ 風船と紙の棒を作る

ビニールテープで風船を入れる枠を2か所用意し、周囲に折り紙で折った風船を散らします。広告紙などの薄い紙を巻き、紙の棒を作ります。

❷ 自陣に風船を入れる

2チームに分かれ、それぞれ棒を1本または2本持ちます。スタートしたら、風船を棒でつついたり、つまんだりして、自分のチームの枠の中に入れます。

❸ 数が多いチームの勝ち

制限時間（5分間程度）の後、枠の中にたくさん風船が入っていたチームの勝ちです。

87

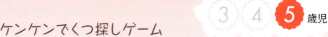

ゲーム　ケンケンでくつ探しゲーム
くつくつどーこだ

3　4　**5** 歳児

用意するもの
くつを入れる箱

- 片足で立ったり移動したりする
- 友だちとのあそびを楽しむ

ことばかけ
ケンケンが速いのはだれかな？
自分のくつ、間違えないで選んで、素早くはいてね。

❶ 箱に片方のくつを入れる

子どもたちが全員入る大きさの円を描きます。子どもたちは自分のくつを片方だけ、保育者の持つ箱に入れ、円の中に片足立ちします。

❷ 片足立ちのまま目を閉じて唱える

子どもたちは目を閉じ、「ケンケンケンケンだれが速い？　くつくつどーこだ」と唱えます。保育者は箱を持ち円のまわりを回ります。

❸ 「こーこだ」の合図で箱を探す

「どーこだ」と唱え終えたとき、保育者は立ちどまり「こーこだ」と言って箱を地面に置きます。子どもたちは目を開け箱を探します。

❹ ケンケンでくつを探す

箱を見つけてケンケンで行き、自分のくつを探します。自分のくつをはいて早く円に戻ってきた子が勝ちです。

あそぶ前に結ぶ練習を

ゲーム

手ぬぐい回し

用意するもの
手ぬぐい（2本）

- 結ぶことを経験する
- 友だちとあそぶ楽しさを実感する

手ぬぐいをこうやって腰に巻いて結んでね。
その後、1回手をたたいたら手ぬぐいを隣の人へ渡してね。

❶ 輪になり手ぬぐいを持つ

みんなで輪になって、2本の手ぬぐいがそれぞれ対角線上に位置するように持ちます。

❷ 結んでほどき 隣の子へ渡す

保育者がスタートの合図を出します。手ぬぐいを持っている子は、手ぬぐいを腰に結んで手を1回たたき、手ぬぐいをほどいて左の子に渡します。

❸ 2本重なったら負け

❷を繰り返し、手ぬぐいを回していくと、手ぬぐいを持っている子どうしの間隔が縮んでいきます。2本の手ぬぐいが重なってしまった子の負けです。

製作 | 新聞紙を裂いてあそぼう

ニョロニョロ大蛇

  5 歳児

用意するもの
新聞紙／テープ

ねらい
- 紙を裂くことを体験する
- 保育室全体に広げてダイナミックにあそぶ

ことばかけ
ニョロニョロって、長いもの、なーんだ？
そう、ヘビだね。ヘビさんの長さはどのくらいかな？

❶ 新聞紙を裂く

新聞紙には繊維の流れがあり、縦方向に破れやすくなっています。方向に注意して、新聞紙を細長く裂きます。

❷ 新聞紙をつなげる

細長く裂いた新聞紙をテープでつなぎ合わせます。長くつなげていき、ヘビを作ります。

製作 **色の組み合わせも楽しもう**

ひらひらステッキ

   歳児

用意するもの
スズランテープ（いろいろな色を1〜1.3m程度に切る）／新聞紙／テープ

- 壊れないよう丈夫に作る
- 揺れる動きに興味を持つ

ステッキってわかるかな？
ひらひらきれいなステッキを作って踊ると楽しいよ！

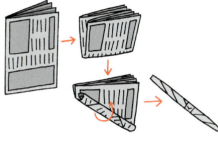

❶ 新聞紙を巻く

新聞紙2枚を重ねたまま二つ折りにします。端から斜めに巻いていき、巻き終わりをテープでとめます。

❷ スズランテープをつける

スズランテープ（5本ぐらい）をテープで新聞紙に貼ります。スズランテープをくるむように新聞紙の先端を折り曲げ、テープでとめます。

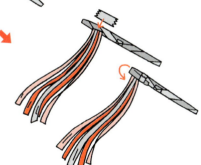

❸ 持ってあそぶ

できたステッキを持って、ひらひらさせながら走ったり、ぐるぐる回しながら踊ったりしてあそびます。

製作

どんな音が出るかな？
紙でっぽう

用意するもの
新聞紙や広告紙など

ねらい
- 紙を折って作ることを知る
- 音が出るのを楽しむ

ことばかけ
見てて〜！（保育者がポンッと鳴らして）
ね、いい音がするね。みんなで作ってみようか？

①折りすじをつける　②開いて四隅を折る　③半分に折る

④半分に折る　⑤袋を開いて中へ折り込む（反対側も同様に）　⑥半分に折る　⑦☆を持って鳴らす

1 紙でっぽうを作る

新聞紙や広告紙を用意して、上図の①〜⑥の順に折り、紙でっぽうを作ります。

2 紙でっぽうを鳴らす

できあがった紙でっぽうの☆（上図⑦参照）を手で持って、勢いよく振り下ろして、ポンッと音を鳴らしましょう。ぶつからないように注意します。

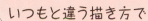

製作 / いつもと違う描き方で

回し描き

用意するもの
クレヨン（外側の紙を取ったもの）／画用紙

ねらい
- クレヨンに親しむ
- 異なる描き方を楽しむ

ことばかけ
きょうはクレヨンで、いつもと違う描き方をするよ。
クレヨンを寝かせてくるっと回してみよう。

① クレヨンを持つ

外側の紙を取ったクレヨンを寝かせて、真ん中を持ちます。クレヨンが汚れている場合は、布などで汚れをふき取っておきましょう。

② 回し描きをする

画用紙にクレヨンを寝かせたまま押しつけるようにして、くるっと回して描きます。クレヨンで描き加えて、チョウや花などにします。

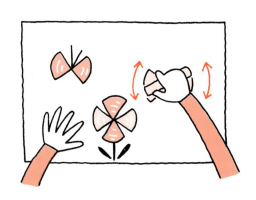

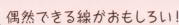

ビー玉転がし

製作 偶然できる線がおもしろい！

3 **4** **5** 歳児

用意するもの
厚めの画用紙／絵の具／はさみ／テープ／ビー玉

● 体を動かしてあそぶ
● 偶然できる線に興味を持つ

絵の具の入った箱を傾けてビー玉を転がそう！
コロコロしたら、どんな線ができるかな？

❶ 箱に絵の具を出す

画用紙の四隅に切り込みを入れて立ち上げて折り、テープでとめて箱にします。箱の中に、絵の具を何色か出します。

※ティッシュ箱の天面を切り取ったものでも取り組めます。

❷ ビー玉を転がす

箱の中にビー玉を1個置きます。両手で箱を持ち、傾けながらビー玉を転がします。ビー玉が転がりにくいときは、少量の水を加えます。

製作

不思議な模様が出てくる
マーブリング

 3 4 **5** 歳児

用意するもの
障子紙／墨汁／細筆／カップ／バット／つまようじ／新聞紙（下敷き用）

- つつく、かき混ぜる動作を経験する
- 偶然できる模様を楽しむ

みんなはこの真っ黒な液体、何か知ってる？
墨汁っていいます。不思議な模様ができるんだよ。

❶ 水の上に墨汁を広げる

墨汁をつけた筆の先をバットに入れた水の上にチョンとつけます。何度か繰り返し、水の表面に墨汁を広げます。

❷ 模様を作る

そっと指先で墨汁をつついたり、つまようじでかき混ぜたりして、模様を作ります。

❸ 障子紙に模様を写し取って乾かす

障子紙の両側を持ち、曲げて水面につけてから手を離して広げ、模様を写し取ります。新聞紙の上で障子紙を乾かします。汚れた水を取りかえて繰り返します。

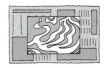

ポンポン

フワフワの感触を楽しもう

製作 / 3・4・**5**歳児

用意するもの
スズランテープ（40～50cmにたくさん切り、別の色で1本切る）

ねらい
- スズランテープの感触を楽しむ
- 自分で作ったおもちゃであそぶ

ことばかけ
ポンポンって、どうやって作るか知ってるかな？
ていねいに裂いて、フワフワのポンポンを作ろう！

❶ スズランテープを十字に重ねる

スズランテープを1本横に机の上に置きます。その上に、別の色のスズランテープを十字になるよう縦に何本か置きます。

❷ 結んでから裂く

横に置いたスズランテープの両端を持って真ん中で固結びをします。束になっているスズランテープを細く裂きます。

❸ ポンポンであそぶ

できたポンポンを振り回したり、投げたりしてあそびます。

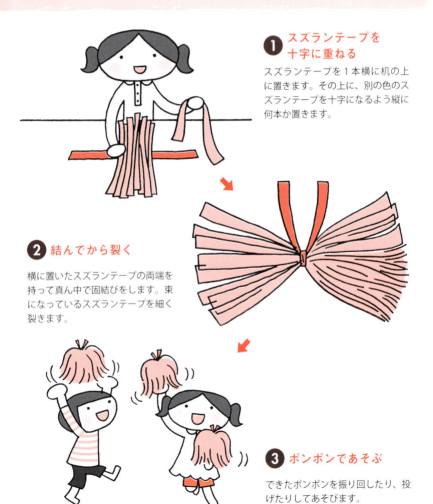

製作 / 的に当てられるかな？

くっつき的当て

(3) (4) **5** 歳児

用意するもの
トイレットペーパー芯／エアパッキン／油性ペン／はさみ／ガムテープ／テープ（保育者用）

ねらい
- 芯を投げるユニークな動きを楽しむ
- 異素材に描く経験をする

ことばかけ
ボールの代わりに、きょうは芯を投げてあそぶよ。
いちばん難しい的の真ん中に当てられるかな？

1 芯で玉を作る

トイレットペーパー芯を縦半分、横半分に切って4分の1にして、輪にしたガムテープを貼りつけます。

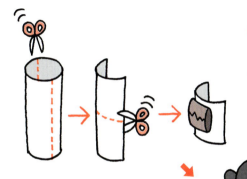

2 的を作る

エアパッキンに、油性ペンで描いて的を作ります。

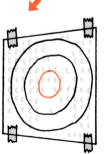

3 的めがけて玉を投げる

保育者が的を壁にテープで貼ります。的に向かって、玉を投げてあそびます。

歳児

春ならではのサクラであそぶ
花びらで作ろう

用意するもの
糸／テープ

ねらい
- サクラの花に興味を持つ
- 指先を使って楽しむ

ことばかけ
ピンクできれいなサクラの花びらがたくさんあるね。
きょうは花びらでいろいろ作ってみよう！

❶ 花びらを集める
地面に落ちているサクラの花びらを拾って集めます。

❷ 飾りを作る
糸の先にテープを巻いて針のようにし、花びらを通していきます。糸を輪にしてとめ、首にかけたり頭にのせます。

❸ 串団子を作る
花びらを何枚か松葉にさしていき、串団子を作ります。松葉がなければ、竹串を使っても作れます。

歳児

季節・自然

ペットボトルで水あそび
水中からポン！

用意するもの
ペットボトル（500㎖）／お花紙／ストロー／たらいやビニールプール

- 色の組み合わせをくふうする
- 動きのあるあそびを楽しむ

ことばかけ

水中からポーンとペットボトルが飛び出すよ。
沈めるときの力加減や向きに気をつけてね。

❶ お花紙を詰める

ストローを使って、ペットボトルの中にお花紙を押し込んで詰めます。

❷ ペットボトルを水に沈める

ペットボトルのふたをしっかり閉めて、たらいやビニールプールで水の中に沈めます。

❸ ペットボトルを飛び出させる

沈めたペットボトルから手を離して、ペットボトルを勢いよく飛び出させます。人に当たらないよう、十分注意してあそびましょう。

雨上がりにあそぼう
雨水、発見！

3 4 5 歳児

季節・自然

用意するもの
プラカップ

 ねらい
- 雨に興味・関心を持つ
- 梅雨の季節に親しむ

ことばかけ
きのうは、たくさん雨が降ってたね。先生は葉っぱの上に雨を見つけました。ほかにも、きのうの雨があるかな？

1 雨水を探す

雨上がりの日に園庭などでプラカップを持って、雨水がたまっているところを探します。前もって雨がたまるよう容器を置いたり、傘を逆さにかけておいてもよいでしょう。

2 雨水を集める

植物や遊具についている雨、くぼみにたまっている雨などをプラカップに集めます。たくさん集めることにこだわらず、どこで見つけたのかなど、子どもの気づきを楽しみましょう。

季節・自然

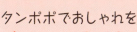
タンポポでおしゃれを
タンポポの冠

3 4 5 歳児

ねらい
- 草花で身につけるものを作って楽しむ
- 指先で細かい作業をする

ことばかけ

タンポポの茎を長くして摘んできてくれるかな？
先生が今、冠を作っていくから見てて…。

1 タンポポを摘む

なるべく茎が長くなるようにタンポポを摘んで集めます。

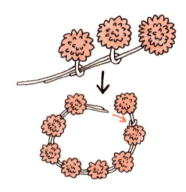

2 タンポポをつなぐ

1本目のタンポポの茎に2本目の茎を巻きつけ、つなげていきます。冠の長さになったら輪にし、端を先頭のタンポポの茎の中へ差し込んでとめます。

3 冠を頭に飾る

タンポポの冠を頭に飾ります。長く作って首飾りにしてもよいです。

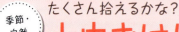

| 季節・自然 | たくさん拾えるかな？ 水中おはじき拾い | 3 **4** **5** 歳児 |

用意するもの
おはじき

- 泳いだり潜ったりに挑戦する
- 勝敗を楽しむ

今から先生がプールにおはじきをまきます。
「ヨーイドン」で、みんなはこのおはじきを拾ってきて！

❶ プールにおはじきをまく

プールにおはじきをたくさんまきます。「赤いおはじきは3ポイント」というように決めておくと、盛り上がります。

❷ おはじきを拾う

「ヨーイドン」の合図でどんなスタイルでもよいので、泳いだり潜ったりして水中のおはじきを拾います。

❸ 拾い終わったら終了

プールのおはじきを全部拾い終わったらおしまい。おはじきのポイントがいちばん多い人の勝ちです。

季節・自然

アサガオで色水を作ろう

アサガオヨーヨー

③ ④ ⑤ 歳児

用意するもの
ビニール袋／輪ゴム／スプーン／プラカップなど

- アサガオに興味・関心を持つ
- 自然の色の美しさを感じる

ことばかけ
アサガオをビニール袋に入れて、こうやってもみます。すると、ほら、色水ができるよ。みんなもやってみる？

❶ アサガオをもむ

ビニール袋にアサガオの花とスプーンで3、4杯の水を入れます。手でよくもむと、色水ができます。

❷ ヨーヨーを作る

ビニール袋の角を切り色水だけをプラカップなどに取り出します。色水を小さいビニール袋に入れ、水を足して薄めます。ビニール袋の口に輪ゴムを通し、輪ゴムを挟んで袋の口を結びます。

❸ ヨーヨーであそぶ

輪ゴムを持って、ヨーヨーを振ってあそびます。いろいろな色のアサガオで作って、色の美しさを楽しみましょう。

季節・自然

どんな感じか表現しよう
木に触ってみよう

③ ④ ⑤ 歳児

ねらい
- 木肌に触ってみる
- 感触をことばで表現する

ことばかけ
先生、すごい木を見つけました。みんな来てください。触ってみてくれる？ どんな感じがするかな？

❶ 木を触る
木肌に特徴のある木を選んで、みんなで触ってみます。

❷ 感触を表現する
どんな感じか問いかけ、「ざらざら」「ちくちく」「ひんやり」などのことばを子どもから引き出します。

❸ 同じ感触を探す
木の感触を覚えて、同じような感触の木を探しに行きます。見つけたらみんなで感触を比べてみましょう。

季節・自然

草花あそびで春を感じる

草笛いろいろ

③ ④ ⑤ 歳児

ねらい
- 春の草花に親しみ、興味を持つ
- 自分で作ったものであそぶ楽しさを感じる

ことばかけ
この草は○○（笛を作る草の名）っていってね、こうやるといい音が出るんだよ。聞いててね。

タンポポで作る

タンポポの茎を 3cm くらいに切り、細いほうを平らにつぶして吹きます。

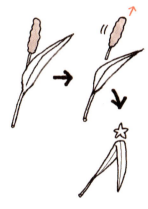

スズメノテッポウで作る

スズメノテッポウの穂を抜き取ります。穂を抜いた葉を折り曲げた☆印の部分をくわえて吹きます。

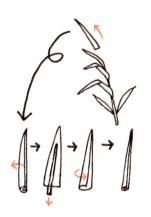

アシで作る

アシの穂先を抜きます。抜いた穂先を開いて、中にある芯を取り除きます。穂先を巻き戻し、根元をくわえて吹きます。

105

 季節・自然

ダイナミックな水あそび
水玉合戦

用意するもの
ビニールプール／レジ袋

- 水の心地よさを感じる
- ダイナミックにあそぶ楽しさを味わう

 ことばかけ

レジ袋の中に水を入れて、さあ、そっちに投げるよ。
大丈夫かな？　いくよー、それ！

❶ 2チームに分かれる

2チームに分かれ、互いの陣地につきます。ビニールプール2点を用意して陣地にしたり、プールが大きい場合はプールの中で互いの陣地を決めます。

❷ 水が入ったレジ袋を相手の陣地に投げ込む

レジ袋をチームに1枚ずつ用意します。レジ袋に水を入れ、相手の陣地に投げ込みます。保育者対子どもに分かれても盛り上がります。

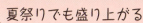

季節・自然

夏祭りでも盛り上がる
水でっぽう的当て

3 **4** **5** 歳児

用意するもの
あき容器／的

- 力の加減や方向をくふうする
- 的に当てる楽しさを味わう

ことばかけ

入れ物のおなかをぎゅっと押すと、水が飛び出します。
さあ、みんなはあの的に当てられるかな？

1 水でっぽうと的を用意する

洗剤やシャンプーなどのあき容器の中に水を入れておきます。子どもが作った折り紙などをビニール袋に入れて景品にします。景品をトイレットペーパーにつけ棒に貼って的にします。

2 水を的に当てる

的を目がけて、水でっぽうで水を飛ばします。順番にひとり5回ずつ水を飛ばし、トイレットペーパーが切れたら景品がもらえます。

季節・自然

スリル満点のロケット
ロケット発射！

3 4 **5** 歳児

用意するもの
ペットボトル／油性ペン／ホース

 ねらい
- 水圧、空気の圧縮に気づく
- ロケットが飛ぶことを楽しむ

 ことばかけ
ホースの先にペットボトルのロケットをはめて、水を流してみると、どうなるかな？

❶ ペットボトルに絵を描く

ペットボトルに好きな絵を油性ペンで描いて、ロケットを作ります。

❷ ロケットをはめる

水を出す前に、ホースの先とペットボトルの口をしっかりはめこみます。ペットボトルが人やものに当たらないよう、安全を確認しておきます。

❸ ロケットを飛ばす

水を出すと、水の勢いでロケットが飛んでいきます。だれのロケットがどのぐらい飛んだのか距離を測って楽しみます。

寒いときならではのあそび
白い息シアター

用意するもの
絵を描いた画用紙

- 息が白くなることの不思議さに気づく
- 想像力を養う

きょうはとっても寒いね。先生の口から
白い煙が出るから見てて。ハーッ（息を吐く）。

❶ 絵を用意する

保育者は画用紙に白い煙が出るもの（家や汽車の煙突、忍者の手元など）を描き、白い煙が出る部分に穴を開けておきます。

❷ 話をする

息を吐いて白くなる寒い日に、❶の絵を持ちながら絵にちなんだ話をします。

❸ 絵の裏から息を吐く

煙が出てくるシーンになったら、絵の後ろから穴に口を当てて息を吐きます。

歳児

クイズ

予想が当たるかドキドキ
袋でじゃんけん

用意するもの
手が入る大きさの紙袋

- 保育者や友だちとのやりとりを楽しむ
- 勝敗を楽しむ

ことばかけ

手にこの紙袋をかぶせてじゃんけんするよ。何を出したか見えないね。よく考えて勝ったと思う先生のほうに行ってね。

❶ 袋の中でじゃんけん

保育者ふたりは、手に紙袋をはめてじゃんけんをします。

❷ 勝ちだと思うほうへ移動する

子どもたちは、保育者が袋の中で何を出しているか考えます。そして、勝っていると思う保育者のほうに集まります。

❸ 袋を外して勝敗を発表する

子どもたちが分かれたら、保育者ふたりは袋を取って、じゃんけんの勝敗を発表します。あいこの場合はもう1回やり直しましょう。

クイズ いろいろな音を探そう
何の音かな?

- 探究心を育てる
- 音に興味・関心を持つ

みんな、目をつむってくれる? 何の音かな?
まだまだいろいろな音があるよ。探してみよう。

❶ 音を探す
保育者は子どもたちといっしょに、音の出そうなものを探しに行きます。

❷ 音を出す
保育者が集めたものを使って音を出します。たたく、破る、こする、揺らす、落とすなどしてみましょう。

❸ 何の音か当てる
子どもたちが何の音か答えます。目を閉じて聞いてみると、違った印象になっておもしろいです。

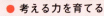

| クイズ | 好きなものを当てよう
宝物は何かな？ | ③ ④ **5** 歳児 |

用意するもの
出題する子の好きなもの／宝箱

ねらい
- 友だちに興味を持つ
- 考える力を育てる

ことばかけ
きょうはゆいちゃんがクイズを出します。ゆいちゃんの好きなものを借りて宝箱の中に入れました。さて、何が入っていると思いますか？

❶ 好きなものは何かを出題する

出題する子の好きなものを入れた宝箱を置きます。保育者が「ゆいちゃんの大好きなものが入っています。何でしょう？」と問いかけます。

❷ 何が入っているか答える

保育者は子どもたちの意見をまとめながら「あそぶものですか？」などと質問し、ヒントにします。答えを思いついたら、自由に答えます。

❸ 正解が出たら中身を披露

正解が出たら、宝箱から中身を出し、みんなに見てもらいます。

第 3 章

友だちとイメージを共有したり、複雑なルールを
理解できるようになると、よりあそびが
盛り上がります。たっぷりあそびましょう。

ことばのおもしろさを知る
反対ロボット参上!

❸ ❹ 5 歳児

ふれあい

ねらい
- 反対ことばに興味を持つ
- 保育者とのやりとりを楽しむ

ことばかけ
今から先生は反対ロボットに変身するよ。
「抱っこしないで」って言われたら、抱っこしちゃうからね。

❶ 子どもたちが指令を出す

ロボットになりきった保育者に、子どもたちが「抱っこしないで!」など、さまざまな指令を出します。

❷ 指令とは反対の動きで

保育者は、指令とは反対の動きをします。「抱っこしないで」→「抱っこする」、「くすぐらないで」→「くすぐる」など、単純な反対ことばにします。

❸ エネルギー注入

保育者は、ときどきパワー不足のロボットになります。なでてもらうと動けるといったルールを決めておきます。

運動 | いろいろなジャンプに挑戦！

川越え 山越え

用意するもの
縄跳び

● 順番を守ることを身につける
● 歌に合わせて跳ぶことを楽しむ

最初の川は小さいよ、どんどん跳び越えてね。
縄跳びに捕まらないように大きくジャンプしてみよう。

＼ 川　川　よいしょ、川　越えてー ／

＼ 山　山　よいしょ、山　越えてー ／

1 左右に揺れる川を越える

保育者が縄跳びの端と端を持ち、左右に小刻みに揺らしながら「川　川　よいしょ、川越えて」と唱えます。子どもが順番にジャンプ（またいでも OK）をして川（縄）を越えます。

2 上下に揺れる山を越える

保育者が上下に縄跳びを小刻みに揺らし、「山　山　よいしょ、山越えて」と唱えます。子どもが順番にジャンプ（またいでも OK）をして山（縄）を越えます。

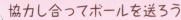

運動	協力し合ってボールを送ろう
	# おむすびコロコロ

用意するもの
大きめのボール

3・4・5歳児

● 体のバランス感覚を養う
● 友だちといっしょにあそぶことを楽しむ

後ろの友だちに、しっかりボールを渡そうね。
ボールが逃げないように見ててね。

❶ 列に並ぶ

子どもたちが1列に並び、先頭と最後尾に保育者がつきます。少しずつ間隔をあけ、全員足を開いて立ちます。

❷ 先頭からボールを転がす

先頭の保育者がボールを持ち、「おむすびコロコロ転がりまーす！」と言って、足の間からボールを転がします。

❸ 最後までボールを送る

子どもひとりひとりが必ずボールに触り、後ろへ送ります。最後尾の保育者がそれを受け取ります。次は全員反対向きになり、繰り返しあそびましょう。

全身を動かしてあそぶ
しっぽちゃん

3 **4 5** 歳児

用意するもの
スズランテープ／ラップ芯

- 全身運動を楽しむ
- イメージしながら運動する

しっぽが地面につかないように、振ったり走ったりしてね。
しっぽちゃんをいろいろ変身させましょう。

1 見立ててあそぶ

ラップ芯と2m程度に切ったスズランテープで、しっぽちゃんを作ります。みんなでしっぽちゃんをいろいろなものに見立ててあそびます。

〈見立て方の例〉

波…下に向けて小刻みにくねらせる
虹…弧を描くように振る
空飛ぶドラゴン…
　　頭の上にあげて走る
竜巻…頭の上でくるくる回す

2 自由に変身させて

みんなで楽しんだ後は、アレンジしながら、それぞれ自由に見立ててあそびましょう。

| 運動 | みんなの息を合わせて
風船バレー

3 **4 5** 歳児

用意するもの
大きな布／風船

ねらい
- 友だちと協力し合う
- あそびの中で数を数える

ことばかけ

風船を床に落とさないようにできるかな？
まずはバレーボール選手のように練習してみよう。

❶ 広げた布に風船を置く

4人ずつチームに分かれます。チームごとに大きな布を広げて四隅を持ち、その上に風船を置きます。

❷ 布を上下に動かす

みんなで布を上下に動かし、回数を数えながら風船をあげます。長く続いたチームの勝ちです。

歳児

運動

ボールをアタックできるかな？
どこでアタック!?

用意するもの
大きめのやわらかいボール

- 体の部位を確認しながらボールを返す
- 友だちとのあそびを楽しむ

ことばかけ

口、耳、指などは、痛いし危ないのでやめようね。
友だちが打ちやすいように、いいボールを投げてみよう！

❶ 向かい合わせで唱える

2チームになり、縦に並びます。先頭の子が間をあけて向かい合い、片方がボールを持ちます。ふたりで「アタック、アタック、どこでアタック!?」と言います。

❷ 体の部位を言って投げる

ボールを持った子が「右手！」と体の部位を言ってから、ボールをワンバウンドさせて相手に投げます。右手をねらう必要はありません。

❸ 言われた部位で打ち返す

ボールを受ける子は、言われた右手で「アタック！」と言って打ち返します。役を交代しながら「左足」「おしり」など、いろいろな部位であそびましょう。

フープでバトンタッチ
フープくぐリレー

③ 4 5 歳児

用意するもの
フープ（チーム数）

ねらい
- フープに興味を持ってあそぶ
- 友だちとのもののやりとりを楽しむ

ことばかけ
フープ、うまくくぐれるかな？ お友だちにぶつからないように気をつけようね。フープを渡すときは優しくね。

❶ フープを持つ

チームに分かれ、フープが当たらないくらいの間隔をあけて並び、向かい合って立ちます。各チームの端の子がフープを持ちます。

❷ 合図でフープをかぶる

保育者のスタートの合図で、フープを頭からかぶり、ストンと地面に落とします。

❸ フープを次の子へ

落としたらフープの外に出てフープを隣の子に渡します。受け取った子も同様にして順にフープを渡していきます。先に全員がフープをくぐったチームの勝ちです。

ゲーム

走って、取って、逃げて!
しっぽ取りあそび

用意するもの
30cmほどのスズランテープ／画用紙の輪／テープ

ねらい
- ルールを守ってあそぶ
- 思い切り体を動かす

ことばかけ

おしりにしっぽをつけます。友だちにしっぽを取られないように逃げましょう。そして、友だちのしっぽを取ってしまいましょう。

❶ しっぽをつける

子どもはスズランテープを、ズボンやスカートの腰に挟み、しっぽにします。保育者の合図でスタートします。

❷ 取ったり取られたり

友だちを追いかけてしっぽを取ったり、自分のしっぽを取られたりします。しっぽを取られたら、保育者に新しいスズランテープをもらいます。

❸ しっぽはコレクションに

友だちから取ったしっぽは、自分の画用紙の輪にテープで貼っていきます。

ゲーム 落とさずに運べるかな？
郵便やさんリレー

 歳児

用意するもの
バトンにする手紙

- 郵便物に興味を持つ
- 全身を大きく動かす

みんなは郵便やさんに変身！ 背中にお手紙をのせるから、落とさないように、はいはいで届けられるかな？

① 保育者が手紙をのせる

2チームに分かれて並びます。先頭の子どもは、はいはいの姿勢になり、保育者が背中に手紙をのせたらスタートします。

② 落とさないようにはいはい

次の子のところにきたら、はいはいの姿勢で待っている子の背中に手紙をのせてバトンタッチ。次の子がスタートします。先に最後の子がゴールしたチームの勝ちです。

3 4 5 歳児

ゲーム
たくさん集まるとうれしい
宝物じゃんけん

用意するもの
おはじき

ねらい
- 音楽に合わせて体を動かす
- じゃんけんを楽しむ

ことばかけ
じゃんけんに勝ったら負けた人からおはじきをもらいます。
たくさんおはじきを集めた人の勝ちですよ。

❶ 曲に合わせて動く

ひとり3個ずつおはじきを持ちます。みんなが知っている曲を流しながら、子どもたちが自由に踊ったり動き回ったりします。

❷ じゃんけんをする

保育者が曲をとめたら、近くの友だちとじゃんけんをします。

勝った！
ちょうだいな

❸ 勝ったら おはじきをもらう

勝った子は、負けた子からおはじきをもらいます。繰り返してあそび、たくさん集めた子の勝ちです。おはじきが全部なくなったら、その場に座ります。

123

ゲーム｜破られないように逃げよう
スカート鬼ごっこ

3 4 5 歳児

用意するもの　新聞紙／ガムテープ

● 思い切り体を動かす
● 友だちとのかかわりを楽しむ

新聞スカートを破られないように逃げよう。
落ちた新聞は危ないから、見つけたら先生に渡してね。

❶ 新聞スカートを作る
切り込みを入れた新聞紙を腰に巻き、ガムテープでとめます。鬼以外は全員新聞スカートを身につけます。

❷ 鬼はスカートを破る
保育者が鬼になります。鬼はみんなを追いかけて、新聞スカートをつかんで破り取ります。

❸ 破られた子も鬼になる
新聞スカートを破られた子も鬼になり、ほかの子を追いかけます。最後まで新聞スカートを着て逃げきれた子の勝ちです。

ゲーム　宝物はどこかな？
宝探し

3 4 5 歳児

用意するもの
新聞紙（4分の1に切る）／ポリ袋／宝物（ペットボトルのふたやどんぐりなど）

- 紙を丸める動作を楽しむ
- 探し当てる喜びを知る

新聞紙のボールの中に宝物が入っているよ！
いっぱいボールがあるけど見つけられるかな？

❶ 新聞紙でボールを作る

新聞紙を丸めてボールを作ります。ペットボトルのふたやどんぐりなどを入れて丸めた宝物のボールも作ります。

❷ 宝物を探す

ボールを集めて、ポリ袋に入れて混ぜたら、床の上に広げます。ボールを拾って新聞紙を広げ、宝物のボールを探します。

ボールを挟んでジャンプ！
ピョンピョン競争

3 **4** **5** 歳児

用意するもの
ボール

ねらい
- バランスをとりつつジャンプする
- ボールあそびを楽しむ

ことばかけ
足にボールをしっかり挟んでジャンプをしよう。あせらなくていいから、ボールを落とさないように気をつけようね。

1 ボールをひざに挟む

ウサギチーム・カエルチーム・カンガルーチームなどに分かれ、20mぐらいのコースを設定します。それぞれのチームの先頭の子は、ボールをひざに挟んでスタンバイします。

2 ゴールまでジャンプ

保育者の合図でスタートします。ボールをひざに挟んだまま、ジャンプをして進みます。ゴールをしたら次の子がスタートします。早く全員がゴールしたチームの勝ちです。

ゲーム チームワークが鍵を握る
ヘイ！ タクシー

3 **4** **5** 歳児

用意するもの
コーン／真中をくり抜いた新聞紙

 ねらい
- 友だちのペースを考えながら走る
- 友だちと協力し合って達成感を味わう

 ことばかけ
新聞紙のタクシーは壊れやすいので注意しましょう。
「よいしょ、よいしょ」と声をかけ合って、息を合わせて進んでね。

① お客をのせスタンバイ

5人で1チームになり、お客さんになる人をひとり選びます。タクシーを地面に置いてお客さんを入れたら、4人でタクシーの四隅を持ち上げます。

② 息を合わせお客を運ぶ

①の状態でスタートラインにつき、保育者の合図でスタートします。タクシーが破れないように、みんなで「よいしょ、よいしょ」と声を出しながら進みます。

③ 早かったチームが勝ち

コーンを回って早く帰ってきたチームの勝ちです。お客さんとタクシー役を交代し、繰り返しあそびましょう。

127

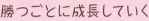

3 **4 5** 歳児

勝つごとに成長していく
スクスク育って

（ゲーム）

ねらい
- ルールを理解してあそぶ
- 友だちと競うのを楽しむ

ことばかけ
始めはみんな、アブアブの赤ちゃん。だからワニ歩きね。
じゃんけんに勝ったら、はいはいする子になれます。

❶ アブアブゾーンからスタート

子どもたちは「オギャー」と叫んでワニ歩きをします。最初はアブアブゾーンでふたり組になってじゃんけんをします。

❷ はいはいゾーンへ

❶で勝ったらはいはいゾーンに進み、じゃんけんで勝ったら次のゾーンへ。負けたらひとつ前に戻ってアブアブゾーンから始めます。

❸ ピョンピョンゾーンへ

❷で勝ったらピョンピョンゾーンに進み、ジャンプをしながらじゃんけんをします。勝ったら次のゾーンへ、負けたらひとつ前のゾーンへ。

❹ スキップゾーンで勝ったらゴール

❸で勝ったらスキップゾーンに進み、スキップをしながらじゃんけんをします。勝ったらゴールです。時間を決めてあそぶとよいでしょう。

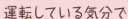
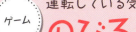

③ ❹ ❺ 歳児

運転している気分で

ねらい
- 友だちとかかわりを持つ
- じゃんけんを楽しむ

ことばかけ
じゃんけんで負けたら、勝った人の足の間をくぐって後ろにつながるよ。

❶ 走り回る

保育者の歌に合わせて、子どもたちは両手を前に出し、ハンドルに見立てながら自由に走り回ります。

❷ じゃんけんをする

歌が終わったところで、相手を見つけてじゃんけんをします。

❸ 負けた子はトンネルくぐり

負けた子は、勝った子の足の間のトンネルをくぐり、後ろにつきます。

❹ 最後は全員が1列に

❶〜❸を繰り返していくと、長い列ができていきます。最後は1列になって、あそびは終了です。

129

 ポーズを練習してからあそぼう
体でじゃんけんあそび

ねらい
- 友だちとの結びつきを強める
- じゃんけんを楽しむ

 ことばかけ
鬼といっしょに体でじゃんけんするあそびです。負けた子、あいこだった子は円から出て、あいた円に逃げましょう。

① 鬼を囲んで輪になる

鬼をひとり決めます。ほかの子どもたちは鬼を囲むように輪になり、足元にひとり分の円を描いておきます。

② 体でじゃんけんし いっせいにポーズ

みんなで、「じゃんけんポーズでよいのよい」と唱え、体で「グー」「チョキ」「パー」のいずれかのポーズをとります。

③ 負けた子とあいこの子は移動

鬼に負けた子と、あいこだった子(同じポーズをした子)は、自分の足元の円から出て、ほかの円に移らなければなりません。

④ 鬼はあいた円に入る

負けた子、あいこだった子が移動している間に、鬼はあいている円に入ります。円に入れなかった子が次の鬼になります。

ゲーム

固まった友だちを助けよう

ろうそく鬼ごっこ

3 **4** **5** 歳児

- ルールを守って友だちと楽しむ
- 友だちと協力してあそぶ

ことばかけ

タッチされたら、両手を上げて「ろうそく」になります。
でも友だちに息を吹きかけてもらうと元に戻れます。

1 タッチされたらろうそくに

鬼をひとり決めます。合図で鬼はほかの子たちを追いかけます。鬼にタッチをされた子は「ろうそく」になって固まります。

2 息を吹きかけると復活

ろうそくになった子は、鬼ではない子に「お誕生日おめでとう、フーッ」と息を吹きかけてもらったら、また動いて逃げることができます。時間を決め鬼を交代しましょう。

131

③ ❹ ❺ 歳児

用意するもの
お宝カード

● ルールを守る大切さを知る
● 連帯感を味わう

ことばかけ

グループで鳴き声を決めましょう。イヌだったら「ワンワン」だね。「お宝あったぞー」は「ワンワンワン…」って言うのよ。

❶ 鳴き声を決めてスタート
お宝カードを隠しておきます。3人組になり、どの動物の鳴き声かを決めたら、その鳴き声で会話をします。

❷ お宝カードは3人でゲット
お宝カードを探しますが、見つけても3人そろわないと取れません。メンバーを呼ぶときも鳴き声です。

❸ 多く集めたら勝利
制限時間を決め、その時間内にいちばん多くカードを集めたグループの勝ちです。

3 4 5 歳児

ゲーム

鳴き声を手がかりに仲間探し
動物ランド

用意するもの
5種類の動物（イヌ、ブタ、ウシなど鳴き声がわかりやすいもの）カード

ねらい
- ルールを守って楽しくあそぶ
- 仲間意識を高める

ことばかけ

自分が引いた動物カード以外の鳴き声を出してはダメです。仲間を探しているときも自分のカードを見せないようにしてね。

1 動物カードを引く

保育者が子どもたちに見えないように動物カードを持ちます。子どもたちは、その中から1枚、ほかの子に見せないようにカードを引きます。

2 鳴き声で仲間を探す

保育者が「動物ランドオープン！」と言います。子どもたちは自分が引いた動物カードの鳴き声を出しながら、仲間を探します。

3 仲間で集まろう

同じ動物が集まったら座りましょう。保育者はようすを見てストップをかけます。同じ動物が全員集まれたら、その動物グループの勝ちです。

ゲーム　文字の数と同じ人数で集まる
文字はいくつ？

3　**4**　**5** 歳児

ねらい
- 数に興味を持つ
- 動物のまねをして友だちとあそぶ

ことばかけ
「ライオン」って言ったら、ラ・イ・オ・ン（指を4本出して）で4人で集まってね。集まったらライオンに変身するよ！

1 動物名を発表
保育者が動物の名前を言います。ゆっくり言うと、考えやすいでしょう。
ゾウ→2文字　パンダ→3文字　ライオン→4文字など

2 文字数と同じ人数で集まる
子どもたちは、動物の名前の文字数と同じ人数で集まります（ライオンの場合、4文字なので4人）。

3 動物のまねをする
人数が集まったら、グループ全員でその動物のまねをします。人数が合わないときは、保育者が入って調整しましょう。

ゲーム ハンカチ落としの応用
円切り鬼

③ ④ **5** 歳児

ねらい
- ルールを守ってあそぶことを楽しむ
- 鬼に切られるドキドキ感を味わう

ことばかけ
ずっと鬼の動きを見てみましょう。鬼に勝てるかもしれないよ。
すぐに走りだせるように、手は優しく握ってね。

❶ 鬼は歌いながら円の外側を走る

鬼をひとり選びます。鬼以外は全員で手をつなぎ輪になります。鬼は「円切り、円切り、どこ切ろう」と唱えながら、外側を走ります。

❷ ふたりの子どもの手を離す

鬼は自分の好きなところで、大きな声で「切った！」と言いながら、つないでいる手をチョップして離します。

❸ 切られたふたりは元の位置へダッシュ

鬼は時計回りに逃げます。つないだ手を切られた左右のふたりは、それぞれ反対の方向に走り、1周して元の位置に戻ろうとします。

❹ 鬼は1周して手をつなぐ

鬼は1周して、切り離したふたりがいたどちらかの位置につき、手をつなぎます。戻ってくるのが遅れた子が次の鬼になります。

135

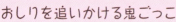

おしりを追いかける鬼ごっこ
おしりにタッチ

3 4 **5** 歳児

ゲーム

● 友だちと楽しくあそぶ
● 友だちとタッチし合うことを楽しむ

先生がスタートって言ったら、友だちのおしりにタッチします。
自分のおしりをタッチされないようにしてね。

❶ おしりにタッチをする追いかけっこ

保育者は審判です。スタートの合図で、子どもたちは友だちのおしりにタッチしようと追いかけます。逆に自分は、友だちにおしりをタッチされないようにします。

❷ タッチされなかったら勝ち

おしりにタッチされた子がいたら、保育者が「なおちゃん、アウト！」とジャッジします。タッチされた子はその場にしゃがみます。最後までタッチされずにいた子が勝ちです。

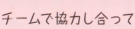

チームで協力し合って 目玉焼きタッチ

3 4 **5** 歳児

ねらい
- ゲームを楽しむ
- 判断力をつける

ことばかけ
白身さん、後ろに気をつけてね。
どっちのチームが多く捕まえられるかな？

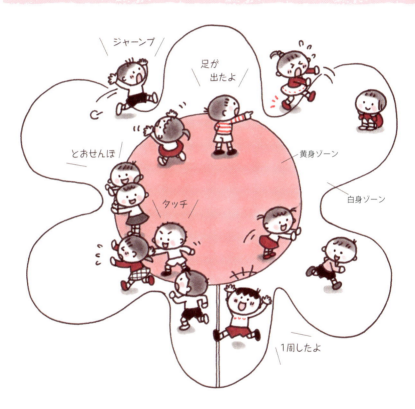

1 チームに分かれる

白身チームと黄身チームに分かれ、それぞれ絵の中に入ります。保育者の合図で、白身はスタートします。

2 黄身をよけつつ自身は2周する

白身は黄身にタッチされたり、はみ出たらアウトです。白身が2周する間に、黄身はタッチしようとします。

3 アウトが少ないチームが勝ち

白身のだれかが2周したら、役を交代します。白身のときにアウトになった子が少ないチームが勝ちです。

 製作

手を水道の蛇口に見立てて
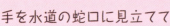

用意するもの
模造紙／トイレットペーパー芯／色画用紙／丸シール／クレヨン（青または水色）／テープ

- 体を使って大きく描く
- 友だちといっしょに取り組む

みんなの手が水道の蛇口になるよ。
プールにお水をたくさんジャージャー入れよう！

❶ 水道の蛇口を作る　蛇口の形に切った色画用紙に丸シールを貼ります。輪切りにして切り開いたトイレットペーパー芯に蛇口の紙を貼り、子どもの手に巻きます。取れやすいときは、芯の下側をテープでとめます。

❷ プールに水を入れる　床に広げた模造紙に水をイメージしてクレヨンで描きます。

製作 心地よい感触を味わって
色つき粘土

3・4・5歳児

用意するもの
小麦粉（ひとり分 200g 程度）
※小麦アレルギーの子には配慮を／発泡トレー／カップ／絵の具／新聞紙（下敷き用）

ねらい
- 小麦粉の感触の変化を体験する
- 色の混ざり具合を楽しむ

ことばかけ
赤・青・黄色の粘土を作って混ぜてみよう！
どんな色の粘土ができるかな？

❶ 小麦粉粘土を分ける

小麦粉を触って感触を楽しんでから水を少しずつ足してこね、小麦粉粘土を作ります。できたら、4等分します。

❷ 絵の具を混ぜる

小麦粉粘土は、ひとつはそのまま、残りそれぞれに赤・青・黄の絵の具を混ぜ、むらがなくなるまで練りこみます。

❸ 色粘土を混ぜる

違う色の粘土をくっつけてこねます。さまざまな色のマーブル模様や色の変化を楽しみます。

製作

気分はすっかりロボット!?
ロボットあそび

用意するもの
牛乳パック／スポンジ／カラー布テープ／テープ／油性ペン

- なりきりあそびを楽しむ
- 細かいパーツを作り、イメージを膨らませる

（ロボットの動きをまねしながら）カクカク…、牛乳パックをつけて、ロボットに変身しよう！

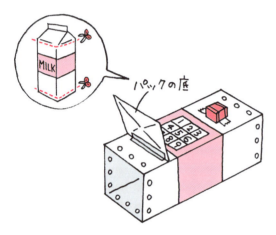

❶ ロボットのパーツを作る

保育者は、牛乳パックの上下を切り取ります。油性ペンで描いたり、スポンジをテープで貼ってスイッチを作ったりします。パックの底は、動かせるようにカラー布テープで片側だけ貼ります。

❷ 腕にはめてあそぶ

牛乳パックを腕にはめて、スイッチを押したり、レーダーに向かって指令を出したりしてあそびます。

製作

どこまで飛ばせるかな？
空気でっぽう

3 4 5 歳児

用意するもの
トイレットペーパー芯2本またはアルミホイル芯やラップ芯1本／ポリ袋／輪ゴム／紙コップまたは封筒／ガムテープ

ねらい
- 動きのあるあそびを楽しむ
- 力加減や方向をくふうする

ことばかけ
（作品を見せながら）3、2、1…、空気でっぽう発射！
遠くまで飛ぶかな？　今からみんなで作ってみよう。

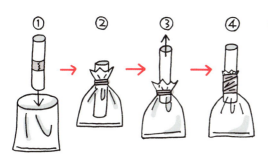

1 空気でっぽうを作る

①袋にガムテープでつないだ芯を入れます（1本の場合はそのまま）。
②輪ゴムで袋の口と芯をとめます。
③芯を引き上げます。
④ガムテープで袋の口をしっかり貼って、空気がもれないようにします。

2 紙コップをのせる

袋に芯から空気を吹き込み、紙コップ（または半分に切った封筒の底部分）を芯の上にのせます。

3 飛ばしてあそぶ

袋を下から手で打って、紙コップや封筒を飛ばします。

141

製作

そっと開くと模様が登場！
ティッシュアート

③ ④ ⑤ 歳児

用意するもの
ペン／ティッシュ（または、紙ナフキンやキッチンペーパー）

- 紙をていねいに折る
- ペンのインクがにじむようすを観察する

 ティッシュにいろいろな色で点々を打ってみよう！
そーっと開くと、どんな模様が出てくるかな？

❶ 1枚ずつに分けて折る

ティッシュや紙ナフキン、キッチンペーパーなどの2枚重なっている部分をそっとはがして1枚ずつに分けます。その紙を四つ折りにします。

❷ ペンで点を打つ

★の部分を中心に、インクをしみこませるようにペンで点々を打ったり、線を描いたりします。

❸ そっと開く

破れないようにゆっくりと開くと、模様が出てきます。

歳児

製作

絵が浮かび上がってくる

ろうそくで吹き絵

用意するもの
画用紙／薄めの溶き絵の具／スプーン／カップ／ストロー(8〜10cmに切る)／ろうそく

- 吹く力をコントロールする
- ろうそくが絵の具をはじくことを知る

ストローで絵の具をフーッと吹いてごらん。
下から見えていなかった絵が浮かび出てくるよ。

❶ ろうそくで描く

画用紙にろうそくを使って、強めの力で好きな絵を描きます。

❷ 絵の具をストローで吹く

絵の具をスプーンで画用紙にたらして、ストローで息を吹きかけます。ろうそくの線が絵の具をはじいて、絵が浮かび出てきます。

製作

色の変化に注目しよう
色水あそび

3 **4** **5** 歳児

用意するもの
スポイト／バット／カップ／アイスクリームスプーン／絵の具／新聞紙（下敷き用）

 ねらい
- 色水を作る楽しさを味わう
- ほかの色と混ざり合うようすを楽しむ

ことばかけ
水に絵の具を溶かして色水を作ろう！
お友だちの色水と混ぜたら何色になるかな？

❶ 色水を作る

カップに絵の具を出します。スポイトで水を入れて、アイスクリームスプーンで混ぜて色水を作ります。

❷ 何色か色水を作る

❶と同じようにして、さまざまな色の色水を作ります。

❸「色の宅配便」を楽しむ

できた色水を、スポイトを使ってほかの子のカップに注ぎ、色が混ざるようすを楽しみます。

5歳児

製作

きれいに丸めるのがポイント
つなげて玉転がし

用意するもの
トイレットペーパー芯／アルミホイル／テープ

ねらい
- リサイクル素材でおもちゃを作る
- 友だちと協力し合う

ことばかけ
ふたりでペアになって、アルミホイルの玉を転がすよ！
ふたりの息をしっかり合わせることが大事だよ。

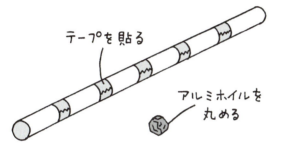

テープを貼る
アルミホイルを丸める

❶ トンネルと玉を作る

トイレットペーパー芯をテープでつなげて、トンネルを作ります。アルミホイルを丸めて玉を作ります。

↓

❷ 玉を転がす

ペアでトンネルの両端をそれぞれ持ち、アルミホイルの玉を転がします。転がりやすいように、トンネルの位置を調整します。上下を交代して繰り返します。

| 製作 | 自分たちで作れば楽しさ倍増！
オリジナルかるた |

用意するもの
画用紙／50音表
／ペンなど

ねらい
- ことばや文字に親しむ
- 友だちのよいところに目を向ける

ことばかけ
友だちのすてきなところを探してかるたを作りましょう。
園の好きなところをかるたにしてもいいですね。

1 読み札を作る

画用紙46枚を半分に切り、半分を読み札にします。50音表から頭文字を選び、友だちや園をテーマにした内容を考えてペンなどで書きます。

2 絵札を作る

もう半分は絵札にします。読み札の内容をペンなどで絵に描きます。重複しないよう、頭文字で使ったひらがなは50音表に印をつけましょう。

3 作ったかるたであそぶ

できあがったら、かるたをしてあそびます。最初は保育者が読み手になります。慣れてきたら、子どもが読んでもよいでしょう。

歳児

季節・自然

色づいた葉っぱでおしゃれを
秋色ベスト

用意するもの
カラーポリ袋／両面テープ／はさみ

ねらい
- 落ち葉の色や形に注目する
- 友だちといっしょに作る楽しさを味わう

ことばかけ
葉っぱをベストにペタッと貼りましょう。
どこに葉っぱを貼ったら、すてきな服になるかしら？

① ベストを作る
カラーポリ袋の首と両手を出す部分を切り取り、ベストを作ります。

② 落ち葉を拾う
いろいろな色や形の落ち葉を拾って集めます。落ち葉の裏に両面テープを貼っておきます。

③ 落ち葉をベストに貼る
ふたり組になり、お互いのベストに落ち葉を貼り合って飾ります。

季節・自然

落ち葉が何になるかな?
落ち葉が変身!

用意するもの
絵の具／筆／画用紙／ペンなど

- 色や形に興味を持つ
- 葉の形から想像を膨らませる

葉っぱのざらざらしたほうの面に絵の具を塗ります。
葉っぱのスタンプは何に変身するかな?

❶ 落ち葉に絵の具を塗る

拾ってきた落ち葉に絵の具を塗ります。絵の具をたくさん塗りすぎると、葉脈が見えなくなってしまうので気をつけましょう。

❷ 紙に押し当てる

落ち葉の絵の具を塗った面を画用紙に押し当て、絵の具を写し取ります。

❸ 絵を描き加える

絵の具が乾いたら、落ち葉のスタンプにペンなどで自由に描き加えます。

たくさん水を運べたら勝ち
水の引っ越し

用意するもの
レジ袋／たらい

- 水運びを楽しむ
- 友だちと協力してあそぶ

どのチームがいちばん水をたくさん運べるかな？
みんなで力を合わせてがんばろう！

❶ レジ袋を選ぶ

3〜4チームに分かれます。いろいろなサイズのレジ袋からひとり1枚ずつ袋を選びます。

❷ レジ袋で水を運ぶ

水が入っているたらいからレジ袋に水を入れて、空のたらいまで運びます。友だちと協力して持ってもよいです。

❸ たくさん運べたら勝ち

制限時間内にゴールのたらいに水をたくさん運べたチームの勝ちです。

季節・自然

本物の道具を使うのが楽しい

泥んこクッキング

3 **4** **5** 歳児

用意するもの
いろいろな調理道具や食器

- 道具を使うおもしろさを感じる
- 料理に興味・関心を持つ

 ことばかけ

きょうは、いろいろな料理の道具を持ってきました。
みんな、これは何に使うのか知ってる?

1 道具を用意する

クッキー型やケーキ型、めん棒など、本物の調理道具を用意しておきます。100円ショップのものがおすすめです。

2 泥で料理を作る

めん棒で泥をのばして型で抜く、型抜きしてから泥や草花で飾りつける、お皿やトレーに盛りつけるなどして、泥のクッキーやケーキを作ります。

落ち葉と枝で絵を描こう
落ち葉で大きな絵

- 落ち葉の色や形に興味を持つ
- 友だちと協力して作る楽しさを味わう

だれか地面に大きな絵を描いてくれる人いますか？
きれいな落ち葉を並べて、秋色の絵を完成させましょう。

1 地面に絵を描く

何を描くか話し合って決め、地面に枝で大きな絵を描きます。

2 落ち葉や枝を並べる

落ち葉や枝をたくさん拾って集めてきます。地面の絵の上に落ち葉や枝をのせて飾ります。

151

あしたはどうなっているかな?

季節・自然

氷を作ろう

用意するもの
製氷皿／割りばし／皿／バケツなど

ねらい
- 水が氷になる変化を知る
- 探究心を育てる

ことばかけ
氷を作るお皿に、割りばしを入れて凍らせてみよう！
あしたの朝には、どんなふうになると思う？

1 前日に水を用意しておく

前日に、製氷皿に水と短く切った割りばしを入れておきます。ハートや星などの形の製氷皿、葉っぱを入れたお皿、バケツなどにも水を張っておきます。

2 氷を触る

翌日、どんな氷ができているかを確かめ、氷を触ってみます。

3 氷を観察する

バケツの中にたくさん入っていた水は表面しか凍っていないこと、置いてある場所によって氷の厚さが違うことなど、氷を観察します。

季節・自然

春の光に注目しよう
ステンドグラス

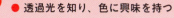

3 **4** **5** 歳児

用意するもの
発泡トレー／油性ペン／竹串／カラーセロハン／テープ

ねらい
- 季節による光の変化を知る
- 透過光を知り、色に興味を持つ

ことばかけ
このお皿にペンで好きな絵を描きます。線の上を竹串でプチプチやっていくと、ほら、切り抜けるんだよ。

❶ トレーに絵を描く

発泡トレーに油性ペンで好きな絵を描きます。シンプルな絵のほうが切り抜きやすいので、あらかじめ保育者が作例を見せながら説明しておきます。

❷ 穴を開けセロハンを貼る

絵の線の上に竹串ですき間のないよう穴を開け、絵の形を切り抜きます。切り抜いた絵の上にカラーセロハンをテープで貼ります。

❸ 光を透かして見る

トレーを持って太陽の光を透かして見ると、カラーセロハンの色が鮮やかに見えます。直接、太陽を見ないように注意しましょう。また、窓に飾ると部屋に色とりどりの影ができてきれいです。

季節・自然

雨の音って、どんな音?
雨の音を聞こう

③ **4** **5** 歳児

用意するもの
びん／缶／段ボール
など

ねらい
- 梅雨の季節を楽しむ
- 音に興味・関心を持つ

ことばかけ
きょう先生、この傘を差して雨の中を歩いてきたら
トントンって音がしたの。みんなは、どんな音がした?

1 準備をする

レインコートに長靴など、雨でも大丈夫な格好をします。びんや缶、段ボールなど、雨を当てて音を聞くものを持ちます。

2 雨の音を聞く

いろいろなものを通して、雨の音を聞きます。友だちが見つけた雨の音をいっしょに聞いたり、雨がどんな音なのか話し合ってみるのも楽しいです。

ごっこ・見立て
忍者になりきってあそぶ
ニンニン、忍者

用意するもの
布

ねらい
- 想像力を豊かにする
- 役になりきり、動きを楽しむ

ことばかけ
みんな、忍者って知ってる？ きょうはみんな忍者になるよ。
忍者は修行をせねばならぬが、みなのもの大丈夫でござるか？

行くぞ！

石の術

触ってもピクとも
しませんぞ

くすぐられても
動かないぞ

壁の術

あれれ
どこかな

土の術

① 忍者ごっこスタート
保育者がリードしながら忍者になりきった子どもたちといっしょに室内を動き回ります。

② 忍者の修行に挑戦
いろいろな忍者の修行をします。新しい術を子どもといっしょに考えるのも楽しいです。

石の術 頭から布をかぶって石に変身します。

土の術 布をかけて床に寝転がり、じっと動きません。

壁の術 壁際にはりついて気配を消します。

ひとりひとりの個性が光る
ファッションショー

歳児

用意するもの
カラーポリ袋／スズランテープ／はさみ／油性ペンなど

- 自分で作ったものを使ってあそぶ
- 自分なりのイメージを浮かべてなりきる

先生、今から洋服やさんを開くよ。
みんなデザイナーになって服の模様を考えてくれる?

1 洋服を作る

カラーポリ袋を上図のように切って洋服を作ります。油性ペンでいろいろな絵を描いたり、スズランテープを腰に巻いたりして、思い思いのデザインをします。

2 ファッションショーを行う

子どもたちが自分で作った洋服を着たら、ファッションショーの始まりです。モデルになりきって、順番に登場します。BGMや洋服の模様の解説などで盛り上げましょう。

 ごっこ・見立て

イメージを膨らませて
街へ出発！

用意するもの
段ボール／荷づくりロープ／ラップ芯／ビニールテープなど

● 発想したものを作る楽しさを味わう
● 友だちとイメージを伝え合い、楽しむ

 ことばかけ
みんなで電車や車を見に行きましょう。
どんな色や形かよく見てみようね。

❶ 街に出て観察
子どもたちと電車や働く車を見に行き、見てきたものについて子どもたちと話します。

❷ 乗り物や線路を作る
段ボールや荷づくりロープ、ラップ芯などで電車や線路、踏切ポールなどを作ります。

❸ 出発進行！
作った乗り物に子どもたちが入り、あそびのスタートです。乗り物の動きや音を思い出し、みんなでまねをしましょう。

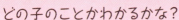

クイズ どの子のことかわかるかな？
友だち紹介クイズ

3 **4 5** 歳児

- 友だちへの親しみを深める
- みんなの前に出て話す経験をする

これから紹介してくれるのは、だれのことかな？
走るのが速いんだって、だれだろうね。

❶ 紹介する子を決める

子どもたちは3〜4人のグループに分かれます。各グループでクラスのどの子を紹介するか、ないしょ話で決めます。決まったら、発表するグループの順番を決めます。

❷ 友だちの特徴を話す

最初のグループが前に出て❶で決めた子の特徴を、順番に言っていきます。ほかの子たちはクラスのだれのことを言っているか当てます。当たったら、次のグループに交代します。

クイズ

ことばへの興味を育む

せーの!で言おう

 ③ ④ **5** 歳児

用意するもの
ことばカード

 ねらい
- 文字に興味・関心を持つ
- 大きな声を出して楽しむ

 ことばかけ
なんて言っているか、わかるかな?
よーく聞いていないと、わからないよ。

カードを1枚引いてね

❶ ことばカードを引く

子どもたちは、3人のグループに分かれます。最初のグループが3つのことばが書かれた「ことばカード」を引きます。

みんなわかるかな

1 うどん
2 さくら
3 やかん

❷ 何を言うか決める

カードを引いたグループの子たちは、カードに書かれていることばのうち、だれがどのことばを言うか決めます。

 せーの!

うどん / さくら / やかん

❸ いっせいに叫ぶ

「せーの!」でいっせいにそれぞれが決めたことばを叫びます。ほかのグループは、何と言っているかを当てます。

<あそびプラン・原稿執筆> （50音順）

くまがいゆか（子どもの絵画教室講師、『U-CANの製作・造形なんでも大百科』著者）

高崎はるみ（あそび工房らいおんバス）

横山洋子（千葉経済大学短期大学部こども学科教授）

渡辺リカ（アトリエ自遊楽校）

<マジック>
藤原邦恭（プロマジッククリエイター）

<絵本セレクト>
遠藤裕美（現役保育士・NPO法人 絵本で子育てセンター認定絵本講師）

＊掲載絵本の情報は、2017年9月時点のもので変更になる可能性があります。なお、ご購入の際は書店等でお求めください。

カバーデザイン▶ 安楽 豊
カバーイラスト▶ 三角亜紀子
本文デザイン▶ 有限会社ハートウッドカンパニー
本文DTP▶ 有限会社ゼスト
本文イラスト▶ アキワシンヤ、浅羽ピピ、市川彰子、大森裕子、小林真理、シダイチコ、ナシエ、町田里美、三角亜紀子、みやれいこ
楽譜浄書▶ 株式会社クラフトーン
編集協力▶ 株式会社スリーシーズン
企画編集▶ 池田朱実（株式会社ユーキャン）

正誤等の情報につきましては『生涯学習のユーキャン』ホームページ内、「法改正・追録情報」コーナーでご覧いただけます。
http://www.u-can.jp/book

U-CANの保育スマイルBOOKS
**U-CANのあそびミニ百科
3.4.5歳児**

2017年9月29日　初版　第1刷発行

編　者　ユーキャン学び出版
　　　　スマイル保育研究会

発行者　品川泰一

発行所　株式会社ユーキャン　学び出版
　　　　〒169-0075
　　　　東京都新宿区高田馬場1-30-4
　　　　Tel.03-3200-0201

発売元　株式会社自由国民社
　　　　〒171-0033
　　　　東京都豊島区高田3-10-11
　　　　Tel.03-6233-0781（営業部）

印刷・製本　望月印刷株式会社

JASRAC　出 1709135-701

【参考文献】阿部フォード恵子『New Let's Sing Together SONG BOOK』アプリコット出版

※落丁・乱丁その他不良の品がありましたらお取り替えいたします。お買い求めの書店か自由国民社営業部（Tel.03-6233-0781）へお申し出ください。

©U-CAN,Inc. 2017 Printed in Japan

本書の全部または一部を無断で複写複製（コピー）することは、著作権法上の例外を除き、禁じられています。